AF267665

CONSIDERATIONS
SVR
VN LIBELLE DV PORT-ROYAL
INTITVLE'
DEFENSE DE LA CONSTITVTION D'INNOCENT X. &c.

SVR LA RETRAITTE
DES DOCTEVRS IANSENISTES.

SVR LA PROTESTATION
DE MONSIEVR ARNAVLD.

Et sur les *Lettres* qu'il a fait courir dans Paris, depuis
la *Censure* de Sorbonne.

Par le SIEVR DE MARANDE' *Conseiller du Roy en ses Conseils,*
& Aumosnier de sa Maiesté.

A PARIS,

Chez SEBASTIEN CRAMOISY Imprimeur ordinaire du Roy:
Et GABRIEL CRAMOISY, ruë S. Iacques aux Cicognes.

M. DC. LVI.
AVEC PRIVILEGE DV ROY.

AV LECTEVR.

S I peu de temps aprés que la Conſtitution d'Innocent X. fut receuë & publiée en France par l'ordre des Eueſques, M. Arnauld nous eut parlé auec autant de franchiſe & de ſincerité, qu'il a fait depuis que la Faculté de Theologie de Paris a cenſuré les erreurs de ſa ſeconde Lettre, il nous auroit épargné bien de la peine ; & les Docteurs Catholiques qui l'ont tant ſollicité, prié, & coniuré de declarer ſon ſentiment ſur la Bulle, lequel il auoit diſſimulé auec tant de ruſe, dans la premiere de ſes deux grandes Lettres, auroient eſté pleinement informez du ſecret de ſon cœur, & diſpenſez de l'obliger par leurs écrits à s'expliquer dauantage ſur ce ſuiet.

Mais comme ſon deſſein n'eſtoit autre dans tous ſes liures, que de tromper ſes Lecteurs, & leur perſuader qu'il eſtoit bon Catholique, & ſouſmis en toutes choſes au Pape, aux Eueſques, & aux Docteurs de la Faculté de Paris, qu'il diſoit eſtre ſa bonne mere ; cet Enfant deſobeïſſant, s'eſtant veu obligé dans la preſſe du mal que luy cauſoit ſon vlcere, de ſe ſouſleuer contre ſa propre Mere, qui pour l'appaiſer & le guerir de la fureur qui

ã ij

l'animoit & l'irritoit contre elle, luy monſtroit les langes dans leſquels elle l'auoit emmaillotté, & les mammelles dont elle l'auoit allaicté, il a creu qu'ayant violé les droits de la nature, en deshonorant ſa propre Mere par l'iniure qu'il luy a faite, il n'auoit plus de Puiſſance legitime à reſpecter ny à craindre, & qu'on excuſeroit volontiers en celuy qui s'eſtoit efforcé de diffamer la reputation de ſa Mere, la reuolte qu'il meditoit depuis vn long temps contre le Pape, contre les Eueſques de France, & contre toute l'Egliſe, par vne ouuerte contrauention à leurs Decrets & à leurs Cenſures.

C'eſt pour cela que dans le meſme temps que la Faculté de Paris eſtoit aſſemblée pour la Cenſure *des erreurs de ſa* ſeconde Lettre, *laquelle il preſſentoit bien ne pouuoir pas éuiter, il fit publier dans* Paris *vn Libelle intitulé par raillerie,* La Defenſe de la Conſtitution d'Innocent X. *dans lequel au mépris du Pape & des Eueſques de France, il renouuelle toute la doctrine condamnée de* Janſenius, *& remet ſur pied les cinq Propoſitions cenſurées. C'eſt auſſi pour cela qu'il entreprit en ſuite de faire courir dans* Paris, *ſa* Proteſtation contre la Cenſure *des Eueſques & des Docteurs aſſemblez en* Sorbonne; *& que Dieu qui aueugle les ſuperbes a permis que ce Sophiſte ſoit tombé dans la confuſion la plus honteuſe, qui iamais ait paru dans l'Egliſe en la perſonne d'vn Docteur qui ſe diſoit* Catholique.

Car s'eſtant enyuré du vin fumeux de la vaine eſtime de ſoy-meſme, il ne s'eſt pas reſſouuenu qu'il auoit fait autrefois imprimer dans Paris, *en l'année 1644. vne* Proteſtation *toute contraire à celle qu'il a publiée de-*

puis peu ; & n'a pas preueu que les Catholiques , qui con-
fronteroient la premiere auec la seconde , seroient pleinement instruits de sa bonne foy, laquelle n'ayant pour
appuy & pour soustien que ces deux Protestations contradictoires , comme deux iambes , sur lesquelles elle s'a-
uance & se promene dans le monde , pour se produire &
se faire connoistre , ne peut passer à present que pour vne
foy boiteuse & contrefaite , ou plustost contradictoire, qui
se détruisant & se déchirant elle-mesme de ses propres
mains , dispense les Puissances de l'Eglise de luy ordonner
d'autre peine & d'autre chastiment , que celuy qu'elle
exerce sur elle-mesme auec tant d'inhumanité, que ses
plus grands Aduersaires en ont de la compassion.

Voilà où s'est terminé l'effet & la production des
hautes esperances , que tout le monde attendoit de la doctrine nouuelle de M. Arnauld , c'est le beau fruit qu'il a
cueilly de sa derniere Protestation , & pour luy donner plus de maturité , il l'a nourry & fortifié par la chaleur de quelques écrits satyriques , entre autres de quatre
Lettres adressées à vn Prouincial , qui des matieres
les plus importantes de la Foy , en font des matieres de
raillerie dans la bouche des peuples ; ayant imité en cela
le procedé des Heretiques anciens & modernes , qui pour
eneruer les Censures qui les ont foudroyé , ont fait vn
ieu & vne raillerie de leur propre condamnation , ainsi
que nous le faisons voir dans le corps de cet Ouurage.

Mais parceque Messieurs les Iansenistes ont renfermé
dans le Libelle intitulé, La Defense de la Constitution d'Innocent X. comme dans vne place d'armes,
tout ce qu'ils auoient de plus fort pour aneantir cette Bulle,

& qu'ils nous ont voulu persuader que S. Thomas, & ses Disciples les plus fideles, auoient appuyé leur nouueauté, ie me suis trouué obligé de leur monstrer qu'ils auoient appellé peu sagement à leur aide leurs plus grands ennemis, lors qu'ils ont entrepris d'arborer dans leur camp, les enseignes de S. Thomas & des vrais Sectateurs de sa doctrine, qui tous ont condamné les erreurs de Iansenius & de M. Arnauld.

Et comme la fuite des Docteurs Iansenistes, qui s'éclipserent de l'Assemblée de Sorbonne, pourroit causer quelque scrupule dans les simples; & que les écrits volans & les Lettres que M. Arnauld a fait courir dans Paris, & par toute la France depuis sa derniere Protestation, pourroient estre capables d'infecter de leur venin, ceux mesme dont la suffisance n'est que mediocre dans ces matieres, i'ay creu qu'il estoit necessaire de répondre à toutes ces choses, par autant de Considerations distinctes, qu'il y a d'écrits differens, pour en manifester la foiblesse, la ruse, & la malice, & empescher que l'heresie nouuelle ne fist quelque progrez dans les ames fideles, sous cette fausse apparence.

Que si l'Auteur de ces Lettres se trouue ioüé & raillé dans les réponses que i'y fais, qu'il se l'impute à soy-mesme, puisqu'il nous a ouuert cette carriere, & que celuy qui se ioüe des choses Diuines, pour les exposer au mépris, merite bien qu'on se raille de sa personne, & qu'on n'en fasse pas grand estat.

Mais comme il n'est pas le premier d'entre les Heretiques, qui voyant que le serieux ne leur a pas reüssy, ont eu recours aux bouffonneries pour répandre leurs erreurs dans les Peuples, auec d'autant plus de dommage, qu'elles causent plus de plaisir & d'agréement sous ce charme trompeur, il deuoit se ressouuenir lors qu'il a entrepris de se railler des veritez de l'Eglise, luy qui se croit si sçauant dans la doctrine des Saints Peres, de ce qu'vn Pere de l'Eglise a dit autrefois en pareille occasion, contre les Heretiques de son temps.

Ils contrefont, *dit-il,* les bouffons & les plaisans, lors que toute autre voye leur a manqué pour seduire les ames ; car par des ieux sacrileges, ils tournent en raillerie & en derision les choses saintes, qui se font par les Ministres de l'Eglise, afin que par ce moyen ils puissent fasciner les yeux & l'esprit des Fideles : Cependant ils ne s'apperçoiuent pas *(non plus que M. Arnauld)* de ce que la sainte Ecriture remarque sur ce suiet, quand elle dit, que le fol ou l'insensé commet les crimes les plus enormes par maniere de raillerie : Mais comme il n'est rien de plus stupide & de plus impertinent que l'heretique, qui se réiouït de ses mauuaises actions, & tressaille de ioye dans les choses les plus detestables, il n'est rien aussi de plus miserable, que ceux qui se delectent dans leurs bouffonneries impies & blasphematoires.

C'est ce qui doit apprendre au Peuple fidele à fuir & à detester comme l'aspic, les écrits bouffons & raillards que M. Arnauld condamné d'heresie, nous debite tous les iours dans Paris & ailleurs contre la doctrine de l'Eglise, & contre les veritez qu'elle enseigne.

Il est vray que raisonnant en moy-mesme, & re-
cherchant la raison pour laquelle les Heretiques, qui dans
leur commencement paroissoient si reformez dans leur vie,
si seueres en leurs mœurs, & si delicats en la foy, qu'ils
ne pouuoient pas en souffrir le moindre reproche sans faire
de grands cris, tant & si long temps que leur erreur n'a
point esté découuerte, ny condamnée de l'Eglise ; à l'instant qu'ils ont esté condamnez, ont passé tout d'vn coup
de cette grande seuerité, modestie & retenuë, aux railleries des veritez de l'Eglise, pour lesquelles auparauant
ils auoient en apparence témoigné tant de respect ; i'ay
trouué que l'heresie n'estant autre chose qu'vne fornica-
tion spirituelle, ou plustost vn adultere en la foy, (dans
la langue de l'Ecriture) Dieu permet qu'ils tombent
dans la mesme disgrace, que quelques femmes qui se per-
dent dans le grand monde.

 Car celles-cy pour l'ordinaire, ayant long temps re-
sisté aux caresses d'vn Amant, & s'estant enfin laissé
vaincre auec peine à des recherches trop assiduës, s'effor-
cent autant qu'elles peuuent dans le commencement de ce
desordre, de conseruer dans le monde l'honneur, qu'elles
ont tout fraischement violé dans le secret de leur couche;
d'où vient que dans les compagnies elles paroissent plus
retenuës & plus reseruées que les autres, & se picquent
de chasteté & d'honneur beaucoup plus, que ne font les
femmes les plus chastes & les plus vertueuses; Car celles-
cy n'ayant rien dans leur conscience qui leur fasse reproche, elles ont vne honnesteté libre, gaye, & bien-seante;
celles-là au contraire ayant sans cesse leur crime deuant
les yeux & dans la pensée, sont tousiours sur leur garde
& dans la défiance.

Mais

2. Corinth. cap. 2.
Adulterantes ver-
bum Dei.

Mais s'il arriue que l'habitude du peché, que l'appas de la volupté, & l'amour impudique, qui comme le flambeau se trahit par sa propre lumiere, viennent à les diffamer dans le monde, c'est pour lors que l'effronterie succede à la pudeur affectée, & que méprisant cet honneur, aux pieds duquel elles auoient sacrifié en apparence tant de soins & d'estude, elles se prostituent à tous ceux qui leur plaisent, elles se portent à la derniere infamie, & arriuent enfin à vne telle impudence, qu'elles tirent leur gloire de la matiere de leur honte & de leur propre confusion.

Ce que ces femmes impudiques font dans la deprauation de leurs mœurs & de leur mauuaise conduite, les Heretiques le pratiquent dans les choses de la Foy, & dans leur procedé ordinaire; car tant & si long temps qu'ils demeurent couuerts, & que leur erreur n'est point reuelée ny manifestée par les Censures de l'Eglise, ils sont si sensibles aux reproches, que tout les blesse; ils sont tout cœur, & pour peu qu'on les touche, c'est les faire mourir.

Mais depuis que par la bouche de l'Eglise leur honte est reuelée & manifestée aux yeux de tous, c'est pour lors qu'ils deuiennent insolens, & se portent à vne telle impudence, qu'ils se raillent eux-mesmes des veritez de la Foy, pour lesquelles à l'abord ils auoient témoigné tant d'amour, de tendresse & de veneration; Et c'est pour lors (dit S. Vigile Martyr) que le demon de l'heresie, cet ancien & ce detestable serpent corrompt tellement leur esprit, & l'éloigne si fort de la chasteté de la foy, qui est en Iesus-Christ, qu'il forme vn calle d'impudence sur leur front, du-

S. Vigil. Mart. lib. 1. contra Eutych.
Nunc istos videamus quorum mentem anguis ille reterrimus, à castitate fidei quæ est in Christo Iesu ita corrupit, vt in

é

apertum nefandæ prædicationis adulteriū, frontem eorum impudentiæ callo obductā armauerit, vt iure in eis propheticum illud oraculum videas redundare, facies meretricis facta est tibi; Nam si non ita est, quid fibi ergo vult, quod nec tantis Conciliorum decretis, nec tam plurimis antiquorum Patrum sententiis credunt? *Leont. Byfant. lib. 1. adu. Nest. & Eutych.*

Hi & diuina ludunt, & Theologos conuitiis confectantur.

quel estant armez, ils commettent vn adultere ouuert, manifeste, & si honteux dans la publication de leurs infames erreurs, que c'est à tres-iuste titre qu'on peut leur appliquer ce reproche du Prophete, Ton front est deuenu le front de la femme prostituée; ou si la chose n'est pas telle que nous la figurons, pourquoy donc ie vous prie, ne deferent-ils pas aux Decrets qui les condamnent? Pourquoy ne s'en rapportent-ils pas au sentiment commun des anciens Peres de l'Eglise? *Et pourquoy (comme dit Leontius de Byfance fur ce mefme fuiet) fe raillent - ils des chofes Diuines, & traitent - ils auec iniure, indignité & mépris les Theologiens, ou Docteurs de l'Ecole, comme ont fait les Ianfeniftes dans leurs Lettres, ou pluftoft dans leurs gazettes?*

Quoy qu'il en foit, l'Euefque de Tude en Efpagne, qui a tant combatu vn certain Arnauld heretique, m'apprend qu'il eft de mon deuoir, d'empefcher que la fourbe ou la rufe de l'herefie nouuelle, déguifée & traueftie maintenant en raillerie fous ces Lettres bouffonnes, ne feduife les fimples, quand il dit que les Fideles font obligez fur toutes chofes de s'oppofer aux Docteurs heretiques les plus pernicieux, & de manifefter leurs embufches trompeufes, de crainte que les fimples ne fe trouuent fans y penfer, furpris dans les rets qu'ils leur tendent; Car fi les embufches font cachées, elles preualent & reüffiffent; fi au contraire elles font découuertes, elles deuiennent inutiles à leurs Auteurs, & ne leur feruent

Luc. Tudenf. adu. Albigenfes lib. 3. cap. 11. Prauorū dogmatum prauiffimis Doctoribus hæreticis omninò debent fideles refiftere, ac illorum callidas infidias denudare, ne illorum laqueis ignoranter fimplices capiantur. Infidiæ enim fi latent, præ-

de rien; & ſi elles ſont preuenuës par leurs Aduerſaires, tant s'en faut qu'elles ſoient auanta-
geuſes à ceux qui les dreſſent, qu'elles leur cau-
ſent du dommage. D'où vient auſſi que nous
ſommes obligez de découurir les fraudes & les
fourbes des Heretiques, (*et*) *moy celles des Ianſe-*
niſtes) afin qu'elles ſeruent de tombeau à ces Ennemis de Dieu & de la Religion, & que les Fideles perſiſtent dans la vraye foy, & ne ſoient
point bleſſez de leurs attaques mortelles, en les
preuenant & conuaincant (*comme nous faiſons dans*
cet Ouurage) de la fauſſeté de leurs ſophiſmes. C'eſt
ce qu'en dit ce grand Prelat.

Or comme ie fais profeßion de defendre ſeulement la
doctrine de la Foy contre les Nouateurs de noſtre temps,
ie me renferme dans ſes iuſtes limites, & n'entreprends
point de répondre à toutes les extrauagances, qui ſur vne
autre matiere pourroient partir de leur plume, ſi ceux
auſquels ie dois mes tres-humbles reſpects, & vne en-
tiere obeïſſance, ne m'y obligent.

ualent, ſi detegun-
tur, nullum ſuis
adminiculum præ-
ſtant; inſidiæ ſi
præueniantur ab
aduerſariis, inſi-
diatoribus ipſis
inferût detrimen-
ta. Vnde hæreti-
corum fraudes de-
bemus detegere,
vt in ipſis corruant
Dei inimici, fide-
les illæſi perma-
neant, dum eorum
falſa præuenerint
argumenta.

TABLE DES SECTIONS.

CONSIDERATIONS

SVR VN LIBELLE DV PORT-ROYAL,
intitulé, *Defenfe de la Conftitution d'Innocent X.&c.* Sur la retraite des Docteurs
Ianfeniftes : fur la Proteftation de Monfieur Arnauld : & fur les *Lettres* qu'il a
fait courir dans Paris depuis la *Cenfure*.

SECTION PREMIERE.

Premiere Confideration fur le libelle intitulé, Defenfe
de la Conftitution d'Innocent dixiéme.

A fragilité de l'homme eft fi grande, que
nous apprenons des Conciles & des Peres,
qu'il arriuoit parfois que dans le mefme
temps, que quelques penitens s'occupoient
dans les œuures penales qui leur eftoient
impofées pour fatisfaction de leurs crimes, ils retom-
boient dans les mefmes pechez, par la foibleffe d'vne nature infirme toute courbée (comme autrefois cette pauure femme de l'Euangile) & penchante vers la terre du
fens, par le poids d'vne habitude inueterée, qui fe laiffe
vaincre & abatre facilement à la rencontre d'vne forte
tentation. Ce mal-heur pour l'ordinaire arriuoit en ces
perfonnes, de ce que leur foy eftant encore foible, & la
crainte des chaftimens eternels ne faifant pas en eux vne

*Concil. Venetic. I.
can. 3. & Concil.
Turon. I. can. 8.
Clem. I. lib 2. conft.
apoft. cap. 44. Sy-
ric. I. ep. 1. ad Hi-
merium cap. 5. &c.*

Lucæ 13.

A

impreſſion aſſez viue, pour redouter comme il faut les iugemens de Dieu, la loy ſenſible de la chair qui ſe preſentoit à leurs yeux armée de tous ſes charmes, triomphoit
en eux de la loy de l'eſprit, qui eſt toute ſpirituelle.

Mais qu'vne perſonne accuſée deuant le tribunal de
l'Egliſe, & à la face des hommes occupez au iugement
de ſon crime, dans le temps qu'elle s'excuſe & demande miſericorde par la bouche de ſes Amis, entreprenne
par vn conſeil premedité, & concerté de longue main,
non ſeulement de commettre vn crime plus enorme,
que celuy pour lequel ſes Iuges ſont aſſemblez pour le
punir, mais de le rendre public, afin que les yeux de tous
les hommes ſoient les témoins de cette entrepriſe ſcan-
daleuſe, c'eſt vne choſe inouye & vne faute inexcuſable,
dont on ne peut pas aſſez s'eſtonner.

Car comment peut-on accorder la grace qu'vn coupable demande à des hommes, dont il redoute la cenſure
& la correction, auec l'iniure nouuelle qu'il leur fait, qui
eſt encore plus atroce & plus criminelle incomparablement que n'eſtoit la precedente? Et qui doute que ſi ces
miſerables penitens, qui tomboient dans des fautes hon-
teuſes, dans le temps meſme qui leur eſtoit preſcrit pour
pleurer leurs pechez precedens, euſſent veu de leurs
yeux Ieſus-Chriſt armé de foudre & de chaſtimens eternels pour punir leurs pechez, ils ne ſe fuſſent abſtenus
de leurs crimes?

Quoy qu'il en ſoit, c'eſt ce qui eſt arriué de nos iours
en la perſonne des Docteurs du Port Royal, dont le Chef
eſtant deferé & accuſé d'auoir inſinué des propoſitions
temeraires & heretiques dans ſa *ſeconde lettre*, touchant la
doctrine de Ianſenius, cenſurée par le Pape & par les
Eueſques de France, entreprit de renouueller aux pieds
de ſes Iuges, cette meſme doctrine toute entiere, & de
redreſſer les cinq Propoſitions cenſurées, dans vn ouura-
qu'il donna au public en meſme temps qu'il demandoit
par la bouche de ſes amis grace & pardon, de n'auoir pas
deferé au Pape & aux Eueſques de France, qui ont de-

claré que *les cinq propositions sont de Ianfenius, & condamnées au sens de cet Autheur.*
Lettre des Euesques de France du 28. May 1654.

Mais ce qui surprit dauantage les Doctes, est que ces Messieurs qui ne font aucune chose que par conseil, & qui ne produisent rien au dehors qu'aprés le suffrage cõmun de tous leurs Docteurs, & des principaux de leurs autres adherans seculiers, s'aduiserent de publier l'ouurage que nous combattons, dans lequel ils scandalisoient manifestement le saint Siege, les Euesques de France, les Docteurs de la Faculté, & offensoient toute l'Eglise, sous le faux pretexte de la defendre (car c'est là leur maniere ordinaire d'agir) en renouuellant le principe fondamental de Ianfenius, sur lequel il auoit assis & appuyé le fort inuincible & inébranlable (comme il pretendoit) de toute sa fausse doctrine, & les cinq Propositions censurées; & qu'en suite, ils eurent le front de soûtenir & de nous proposer de nouueau les mesmes propositions, dans vn sens qu'ils disoient estre *Catholique & la foy de l'Eglise.*

Il est vray que dans cet ouurage ils ne parlent point de Ianfenius, mais ils déguisent adroitement son principe, qui n'est autre dans toute cette matiere, que son *Adiutorium quo, le secours par lequel,* & le redressent sous ces mots, *grace efficace par elle-mesme, neçessaire à tous les bons mouuemens, & à toutes les actions de pieté, & qui seule donne le pouuoir prochain de les faire,* pour surprendre les simples sous vn simple changement de paroles.

C'est ce que ie veux representer icy succinctement, & pour y proceder auec ordre, nous examinerons quatre points tirez de ce dernier ouurage, qu'ils ont intitulé, *Defense de la Constitution du Pape Innocent X. & de la foy de l'Eglise :* ô les grands Catholiques !

Le premier est, *qu'ils soustiennent,* comme ils disent, *la doctrine qu'ils ont tousiours soustenuë, qui est qu'on ne resiste iamais à la grace,* de laquelle ils font deux branches; l'vne imparfaite, l'autre parfaite, & toutes deux *efficaces;* l'imparfaite donne le commencement de la bonne volonté,
Defense de la Constitution, page 282. & 285.

A ij

4

& le produit toufiours fans qu'on la reiette iamais ; la
parfaite donne l'action de pieté, & l'opere toufiours fans
qu'on la reiette iamais ; c'eft ainfi qu'en renouuellant
le principe fondamental du liure cenfuré de Ianfenius,
ils renouuellent toute fa fauffe doctrine.

Le fecond, qu'ils ne cefferont iamais leur difpute ;
ainfi qu'ils nous le difent, qu'on ne foit demeuré d'accord auec eux, que *cette gracé efficace par elle-mefme neceffaire à toute action de pieté, donne le pouuoir prochain, & que fans
elle nous n'auons pas ce pouuoir.*

Le troifiéme, qu'ils maintiennent que *la priere pour
obtenir la grace, eft vne grace efficace par elle-mefme, à laquelle
par confequent on ne refifte point.*

Le quatriéme eft, qu'ils difent que cette *grace efficace*
eftant *fuppofée* dans la maniere qu'ils l'expliquent (qui eft
celle là mefme en laquelle Ianfenius l'a expofée) on ne
peut plus trouuer eftrange qu'ils *fouftiennent encore les
cinq propofitions dans le mefme fens, qu'ils les ont defenduës &
fouftenuës* aux pieds du S. Siege auant la Bulle.

A l'égard du premier point, voicy ce qu'en dit Monfieur Arnauld, dans le liure nouueau que ie luy attribuë,
tant parce que le caractere du ftyle l'en declare l'auteur,
que parce que la qualité qu'il a de Chef du nouueau party, le rend refponfable de tous les efcrits, qui partent de
la fource auffi feconde qu'enuenimée du Port-Royal.
*Suppofé donc, difent-ils, que la grace neceffaire à tous les bons
mouuemens, & à toutes les actions de pieté, eft efficace par elle-
mefme, & qu'elle donne le pouuoir prochain de les faire, il n'y a
aucune difficulté à la doctrine qu'on a fouftenuë, & qu'on fou-
tient touchant la refiftance à la grace, parce que l'on n'a fouftenu,
& que l'on ne fouftient encore rien autre chofe, finon que l'on ne
refifte iamais à la grace actuelle de Iefus-Chrift, qui guerit l'infirmité de la volonté, & qui eft neceffaire à toute action de pieté,
quant à l'effect prochain, pour lequel Dieu la donne, ou pluftoft
qu'on ne la reiette iamais, c'eft à dire qu'elle a toufiours fon effect
prochain.*

Ce font leurs propres paroles ; c'eft, difent-ils, la

Page 271.

doctrine qu'ils ont souftenuë, fçauoir eft dans leurs Apologies, dans leur Cahier à trois colonnes, & dans tous leurs
autres liures, que le Pape a condamnez & cenfurez depuis fa Conftitution, de laquelle toutefois ils entre-
prennent auiourd'huy la defenfe ; mais pluftoft la ruine,
la deftruction & le renuerfement ; car ils ne vont iamais
où ils font mine d'aller ; au contraire ils deftruifent pour
l'ordinaire dans le corps de leurs liures, ce qu'ils fai-
foient mine d'eftablir dans le titre qu'ils leur donnent,
ainfi que nous l'auons remarqué tant de fois dans nos autres efcrits : C'eft auffi la mefme doctrine qu'ils fouftiennent encore ; c'eft le pofte qu'ils ont pris, & qu'ils font re-
folus de garder, & d'y perir pluftoft que de le quitter,
comme nous verrons à la fuite.

Voilà, dis-je, le principe, la baze & le fondement de
toute la doctrine nouuelle du Port Royal. Or ie dis que ce
principe n'eft autre, que le principe ou le fort royal de
Ianfenius qu'il appelle A D I V T O R I V M Q V O, *fecours
par lequel*, c'eft à dire, *la grace actuelle de Iefus-Chrift efficace
par elle-mefme, qui felon Ianfenius, opere neceffairement fon
effect, qui emporte inuinciblement le confentement de la volonté,
& à laquelle on ne refifte iamais. Ce feul point*, dit-il, *eft la baze
immobile & veritable, fur laquelle toute la doctrine de la grace
du Sauueur eft appuyée, & la clef veritable qui doit ouurir le cabi-
net fecret des efcrits & de la doctrine de S. Auguftin ; Clef fi cachée,
que ce Pere ne l'a iamais ouuertement declarée que fur la fin de
fa vie ; Et qu'enfin dans l'eftat prefent de la nature def-
cheuë, il n'y a point d'autre grace de Iefus-Chrift, que
cet Adiutorium quo*, ou cette grace efficace par elle-mefme, ainfi que les Ianfeniftes l'entendent & nous l'expliquent à prefent, qui opere toufiours l'effect pour lequel
Dieu la donne, foit pour le commencement de la bonne
volonté & pour les defirs de bien viure, que ces Meffieurs appellent grace imparfaite, quoy que toufiours
efficace dans toute l'eftenduë de fa vertu ; foit pour l'a-
ction de pieté qu'ils appellent grace parfaite, toufiours
efficace, & toufiours inuincible par elle mefme.

*Ianf. lib. 3. de grat.
Ch. cap. 1.*
Poft lapfum Ada-
mi nullum datur
auxiliū fufficiens,
quod non fit effi-
cax.
*Ibid. cap. 29.
Et lib. 3. de grat.
Ch. cap. 5.
Ianf. lib. de grat.
primi hominis cap.
17. & lib. de ftatu
nat. lapf. cap. 2. &
lib. 9. de grat. Ch.
cap. 13.*

A. iij.

C'eſt ce que les Docteurs Ianſeniſtes nous ont expliqué, il y a deſia long-temps dans leurs liures, & dans les
Apologies qu'ils ont faites pour la doctrine de Ianſenius;
c'eſt auſſi ce que nous a dit Monſieur Arnauld dans ſon
Apologie pretenduë *des SS. Peres*, dans les Eloges qu'il
fait du liure de Ianſenius au ſuiet des cinq propoſitions,
qu'on vouloit dés lors examiner en Sorbonne. *On y void,*
dit-il, *les principes d'où ſe forment les concluſions, & les conclu-*
ſions tirées des principes; on y void des maximes enchaiſnées les
vnes auec les autres, qui doiuent neceſſairement ou ſubſiſter tou-
tes enſemble, ou eſtre renuerſées toutes enſemble, parce qu'elles
ſont tellement liées, que ſi l'vne eſt fauſſe, il faut qu'elles ſoient
toutes fauſſes, & ſi l'vne eſt veritable, il faut qu'elles ſoient
toutes veritables: On y void vn tableau d'vne Theologie toute ce-
leſte, toute ſublime, & toute Apoſtolique.

Apolog. pour les SS. Peres Pref. page 21.

Quoy donc! N'eſtoit-ce pas là le miracle de nos iours?
N'eſtoit-ce pas là ce Veau d'or, que ces nouueaux Iſraë-
lites adoroient & encenſoient pour lors à toute heure,
pendant que noſtre Moyſe, ie veux dire pendant que le
Pape conſultoit ſur la montagne, les moyens les plus
propres & les plus conuenables pour eſtouffer ces blaſ-
phemes, & pour abolir cette horrible idolatrie?

Donc comme les cinq propoſitions cenſurées par le
Pape & par les Eueſques de France, n'eſtoient fondées
que ſur le ſeul *Adiutorium quo* de Ianſenius, qui n'eſt autre que *la grace efficace par elle-meſme*, priſe & entenduë
au mauuais ſens, que les Ianſeniſtes luy donnent dans
ce dernier ouurage; il s'enſuit que Monſieur Arnauld
qui ſouſtient encore auiourd'huy, comme il dit, cette
meſme doctrine qu'il a autrefois ſouſtenuë, ſouſtient
auſſi toute la doctrine de Ianſenius, que le Pape a condamnée d'hereſie, quoy que Monſieur Arnauld par ſes
titres magnifiques, & par ſes liberalitez ordinaires l'ait
qualifiée *vne doctrine toute celeſte, toute ſublime, & toute Apo-*
ſtolique.

Si vous en voulez ſçauoir la raiſon, c'eſt parce qu'à
l'inſtant qu'vne penſée nouuelle ſe ſaiſit de ſon bel

efprit, elle deuient en ce moment *toute celefte, toute fu-blime & toute Apoftolique.* Or de mefme que Ianfenius a fait fortir du fein de fon *Adiutorium quo*, qui eft fon vnique principe, tous les rayons obfcurs de fa noire do-ctrine, tels que font les cinq propofitions cenfurées; ainfi Monfieur Arnauld fait reialir de *fa grace efficace par elle-mefme* (au mauuais fens qu'il l'explique) les cinq propo-fitions cenfurées, & nous les offre toutes renouuellées, comme des conclufions euidentes, naturelles, & necef-faires qu'il tire de ce principe, ainfi que nous verrons en fon ordre.

Il eft donc manifefte, que toute la doctrine de Ianfenius n'eftant appuyée que fur le feul & vnique point de fon *Adiutorium quo*, renuerfé & foudroyé par le S. Siege, dans le debris general tant des cinq Propofitions cenfurées, que de la doctrine de ce Nouateur, condamnée par le dernier Decret d'Innocent X. on ne peut plus renou-ueller ce principe fans renouueller cette doctrine con-damnée; & comme M. Arnauld dans ce dernier ouurage que nous examinons, n'a point d'autre but ny d'autre in-tention que de redreffer & de raffeoir ce faux principe, fous vn nom plus doux & plus familier, pour ne nous point effaroucher, il redreffe & reftablit autant qu'il peut toute la doctrine condamnée de Ianfenius.

Le fecond point eft tiré de leurs propres paroles, lors que dans ce libelle intitulé, *Defenfe de la Conftitution du* ^{Pag. 188.} *Pape Innocent X.* ils nous difent franchement *qu'il ne faut point croire que la difpute puiffe ceffer... que lors que la grace effi-cace par elle-mefme neceffaire à toutes les actions de pieté par-. faites & imparfaites, fera reconnuë comme la propre grace de Ie-fus-Chrift fouftenuë par S. Auguftin au nom de toute l'Eglife, contre les erreurs des Pelagiens & des Semipelagiens, & qu'elle donne le pouuoir prochain de faire les actions de pieté,* & que fans elle nous n'auons pas ce pouuoir.

Ce font là leurs paroles, voilà l'Arreft celebre qu'ils prononcent dans la Cour du Port Royal, c'eft la citadelle in expugnable, où ils fe renferment, c'eft l'Arfenal dans

lequel ils conſeruent en toute ſeureté les armes glorieu-
ſes & luiſantes, (quoy que briſées par tant de Canons
Apoſtoliques) dont Ianſenius s'eſtoit ſeruy pour nous
faire la guerre : Enfin c'eſt le fort inuincible qu'ils oppoſent, ſoit aux Decrets du ſaint Siege (qu'ils font mine
de defendre) ſoit au iugement des Eueſques de France,
ſoit à la Cenſure des Docteurs de la Faculté de Theologie de Paris.

I'auoüe qu'on a quelque ſuiet d'admirer la generoſité
de ce Braue, dont le ſang chaud & bouillât n'aſpiroit qu'à
la victoire ſur tous ſes aduerſaires ; mais s'il eût eu autant
d'amour pour la verité, qu'il en témoignoit pour la gloire, il auroit ſans doute eſté plus moderé & plus retenu
qu'il n'a paru dans les paroles que nous auons cy-deſſus
rapportées, & qui ſont d'vne conſequence ſi pernicieuſe,
qu'elles meritent bien qu'on y faſſe quelques reflexions.

La premiere eſt, que ſi cette Propoſition eſt receuë
dans toute ſa plenitude, & qu'on ne doiue pas ſe promettre d'auoir paix auec M. Arnauld dans l'Egliſe, qu'en luy
accordant ſon principe au ſens qu'il l'entend, & qu'il le
pretend ; il nous faut neceſſairement reſoudre, ou à
rompre auec luy, ou à rappeller dans l'Egliſe toute la doctrine de Ianſenius fraiſchement condamnée, puiſqu'en
rétabliſſant par cette voye maligne le principe fonda-
mentale de Ianſenius, qui eſt comme le centre de la circonference, dans laquelle ce Nouateur auoit renfermé,
dans ſon faux Auguſtin, toutes les fauſſes concluſions
qu'il a toutes tirées du cœur de ce centre, ou de ce poinct
central, qui conſiſte à ne reconnoiſtre dans l'eſtat preſent
de la nature décheuë, autre grace medicinale de Ieſus-
Chriſt, que l'*Adiutorium quo*, le ſecours par lequel, ou
la ſeule grace efficace par elle meſme, pour les actions
de pieté parfaites & imparfaites, expliquée à leur mode:
Il faut, dis-je, rappeller dans l'Egliſe la doctrine condamnée de Ianſenius, luy dreſſer de nouuelles Apologies, la
placer ſur nos autels, luy donner de l'encens, reuoquer
pour iamais auec honte la Conſtitution d'Innocent X.
annuller

annuller le iugement celebre des Euefques de France,
& ietter au feu la Cenfure des Docteurs de la Faculté de
Theologie de Paris, qui n'ont principalement condam-
né la *Seconde Lettre* de Mr Arnauld, que parcequ'elle re-
nouuelloit les fentimens particuliers de la doctrine de
Ianfenius condamnée par le Pape & par les Euefques de
France.

La feconde eft, que fous les *actions parfaites & imparfaites de pieté*, dont ces Meffieurs ne donnent le pouuoir
prochain qu'à la feule *grace efficace par elle mefme*, ils entendent par les *imparfaites* le commencement de la bonne
volonté, ou le defir de bien viure, & rien plus, qu'ils
attribuent à la grace efficace par elle mefme, qu'ils appellent imparfaite ; non qu'elle foit renduë imparfaite
par la refiftance de la volonté, (car felon leurs principes
la volonté ne la reiette iamais, & ne la priue point de fon
effet ;) mais ils l'appellent imparfaite, tant à comparaifon de l'autre qu'ils difent eftre parfaite, que parceque
Dieu ne donne cette grace imparfaite, quoy qu'efficace
par elle mefme, pour autre chofe que pour produire en
nous ce foible commencement de bonne volonté, ou le
fimple defir de bien viure, qui toutefois demeure fans
effet, c'eft à dire fans la bonne œuure ; quoy que cette
grace imparfaite opere toufiours neceffairement & inuinciblement en nous, felon toute la plenitude de fa
vertu, l'effet pour lequel Dieu la donne ; ce qui par confequent nous difpenfe (au moins felon les Cafuiftes du
Port-Royal) de nous accufer deformais aux pieds des
Confeffeurs d'auoir *receu la grace en vain & inutilement*,
comme parle S. Paul, ou de n'auoir pas *contribué de noftre
part tout ce que nous pouuions & deuions*, comme parle le fecond Concile d'Aurange, lors que Dieu par fa grace
nous a donné le moyen & le pouuoir de faire plus de
bien que nous n'en auons fait.

Quant aux actions de pieté qu'ils appellent *parfaites*,
ils les donnent à la feule grace *parfaite*, efficace par elle
mefme, toufiours victorieufe & triomphante dans les

B

œuures & les actions consommées de pieté, de mesme que l'imparfaite est tousiours glorieuse & inuincible dans son ressort, c'est à dire dans les foibles commencemens d'vne bonne volonté, ou dans les simples desirs de bien viure: Que si vous les obligez de vous dire d'où ils ont puisé cette belle doctrine, ils vous répondront qu'ils l'ont prise *dans les pures sources de la grace*, c'est à dire en leur langue, dans la doctrine de Ianfenius condamnée d'heresie, lors que cet Auteur se iouant sur quelques paroles de S. Augustin, où il est parlé d'vne bonne volonté commençante, foible & debile, & d'vne autre volonté forte & robuste, capable d'accomplir le precepte, il conclud en suite que toute grace de Iesus-Christ est efficace par elle mesme.

Si donc la doctrine de Mʳ Arnauld subsiste en son entier, puisqu'il ne veut point de paix auec nous qu'en luy cedant la victoire, il faut ressusciter & rappeller des Enfers les erreurs condamnées dans le liure de Ianfenius; il faut remettre sur pied les titres superbes & magnifiques, que les Ianfenistes de France auoient fait grauer sur son tombeau, pour eternifer son erreur aussi bien que son nom; il faut redresser le mausolée de ce Nouateur, que le Pape Alexandre VII. a fait détruire depuis peu à la confusion de tous ses Apologistes, pour apprendre à la Posterité que la memoire des Nouateurs est indigne d'eloges, & que leur nom & leur doctrine, qui font la honte de l'Eglise, deuroient estre enseuelis dans vn oubly eternel.

La troisiéme est, que cette proposition, *La grace necessaire à tous les bons mouuemens & à toutes les actions de pieté est efficace par elle mesme, elle donne le pouuoir prochain de les faire, & sans elle nous n'auons pas ce pouuoir*, nous est presentée par Mʳ Arnauld, comme vne proposition de quelques Thomistes; ce qui n'est pas veritable dans le sens auquel Mʳ Arnauld la soustient : Mais supposé qu'elle se trouuast dans quelque Thomiste, & dans plusieurs au sens mesme que ce Docteur luy donne, ce qui est tres-faux; ie dis qu'elle ne feroit au plus qu'vne propofition probable, & non pas vn dogme de foy, puifqu'il n'eft pas au pouuoir de Mr Arnauld de nous faire lire fa nouuelle propofition, ny dans la fainte Ecriture, ny dans la doctrine vniforme des Peres de l'Eglife, ny dans les Canons des Conciles, ny dans les Decrets des Souuerains Pontifs, ny dans les écrits de S. Auguftin, aux termes qu'elle eft conceuë.

Il eft certain d'ailleurs que le fentiment oppofé à celuy des Thomiftes, & qui a efté tant agité dans la difpute *de l Auxiliis*, eft probable & toleré dans l'Eglife, comme celuy des Thomiftes, fans que l'vn ny l'autre de ces fentimens puiffe paffer parmy nous pour vn dogme de foy. Mais il eft de foy dans l'Eglife, que fans la grace nous ne pouuons operer aucun bien pour le falut; il eft de foy dans l'Eglife, que celuy qui peche a le pouuoir de prier ou de faire pour s'abftenir du peché, & qu'il peche, parce qu'il ne s'eft pas feruy comme il faut de ce pouuoir. C'eft là ce que toute l'Eglife prefche & enfeigne aux fideles.

Ces chofes expliquées & entenduës, ie dis en premier lieu, que fuppofé que le fentiment de Mr Arnauld dans la propofition que nous examinons, fuft le fentiment de quelque Thomifte, ce qui n'eft pas, ce feroit fe rendre ridicule en matiere de Theologie, que de vouloir comme Mr Arnauld, tirer d'vne propofition probable, & par maniere de confequences, cinq propofitions pour autant d'articles de foy; Car puifque toute confequence qu'on tire d'vn principe, emprunte toute fa force & fa vertu de ce principe, il eft indubitable qu'elle ne peut auoir plus de vertu que fon principe. Si donc ce principe n'eft que probable, il ne pourra iamais donner à fes confequences vne qualité plus releuée que celle qu'il poffede luy mefme: Et comme il n'eft que probable, il n'enfantera iamais qu'vne conclufion ou vne confequence probable, & non pas demonftratiue, & moins encore vn dogme de foy; car le probable & le demonftratif font dans l'enclos de la nature, comme dans vn mefme genre ; mais la foy eſt d'vn ordre diuin, & d'vn genre tout different.

Bien que ces veritez ne puiſſent eſtre conteſtées par aucun eſprit raiſonnable; ſi eſt-ce que Mr Arnauld qui découure tous les iours de nouueaux Aſtres dans le Ciel de la Theologie, nous preſente cinq propoſitions (condamnées d'hereſie) pour cinq Dogmes de foy, ou pour cinq propoſitions Catholiques. Si vous luy en demandez la raiſon, il vous dira qu'elles ſont les conſequences neceſſaires du grand principe *de la grace efficace par elle meſme,* au mauuais ſens qu'il l'explique, & laquelle modifiée & reduite au ſens de quelques Thomiſtes, ne peut paſſer au plus que pour vne opinion probable.

O le grand Theologien de nos iours ! Cependant il dit en ſuite qu'on ne peut pas condamner ſes conſequences, ou ſes cinq propoſitions *d'hereſie & d'impieté, nonplus, qu'on ne peut croire qu'Innocent X.* (qui les a condamnées) *ait condamné d'impieté, d'hereſie & de blaſpheme la doctrine des ſaintes Ecritures, les prieres de toute l'Egliſe, l'Oraiſon Dominicale, les Definitions des Papes, les iugemens des Conciles,* & tout le reſte.

Mais quoy ! C'eſt là vn ſecret qui n'eſt connu & pratiqué que par les Docteurs du Port-Royal; C'eſt la belle & l'inuincible maniere d'argumenter, qui ſe trouue dans tous les liures de Mr Arnauld ; car autant de preuues qu'il allegue en ſa faueur, ce ſont autant d'equiuoques ou de Sophiſmes qui trompent les ignorans, & qu'on admire tous les iours dans les ruelles & dans les cercles, lors principalement que quelque Ianſeniſte s'y rencontre, pour marquer par ſes geſtes & ſes acclamations, les endroits où il faut faire les pauſes de l'admiration & du rauiſſement.

Donnons vn exemple de ce nouueau procedé dans la *ſeconde Lettre* de Mr Arnauld, lors qu'il veut renouueller la premiere des cinq Propoſitions cenſurées ; car il commence par ces paroles pompeuſes, *Cette grande verité eſtablie par l'Euangile & atteſtée par les Peres, qui nous monſtre*

*vn iuſte en la perſonne de S. Pierre, à qui la grace ſans laquelle
on ne peut rien, a manqué, &c.* Cette façon d'agir eſt eſton-
nante; mais à l'inſtât qu'on le ſerre de prés, il eſt contraint
d'abandonner ſa place d'armes, & de quiter ce premier
poſte, ie veux dire de laiſſer là l'Euangile & les Peres,
pour ſe cantonner & ſe mettre à l'abry ſous le toict d'vn
ſentiment particulier de quelque Scolaſtique, qui en apparence ſemble dire quelque choſe en ſa faueur.

Tellement que la ſainte Ecriture, les Conciles, les
Peres, & les Decrets des Papes, dont il auoit fait à l'a-
bord vne montre ſi magnifique, s'éuanoüiſſent, ſe diſſi-
pent, & ſe reduiſent enfin au ſentiment particulier de
quelque Scolaſtique; En vn mot, *ſi vous touchez ces monta-
gnes* d'orgueil & de preſomption de foy-meſme, ie veux
dire ces grands Ouurages du Port-Royal, *ils ne vous don-
neront que de la fumée & du vent.*

Psalm. 143.
Tange montes, &
fumigabunt.

Ce qui me fait reſſouuenir de ces Hoſteliers d'Italie,
qui vont au deuant des voyageurs, & leur promettent
d'abord toute ſorte de mets & de viandes les plus deli-
cates, pour les attirer dans leur auberge; mais l'heure
du repas eſt-elle venuë, ils ont peine de vous mettre ſur
table quelque choſe des viandes les plus communes, &
les plus groſſieres, encore aſſez mal appreſtées.

Ie dis plus, que ſuppoſé meſme, que la Propoſition de
la grace efficace par elle meſme, que nous examinons dans
le ſens de Mʳ Arnauld, fuſt vne propoſition de foy, (ce
qui eſt tres-faux, car elle eſt heretique dans ce ſens) ce
Nouateur ne pourroit pas pretendre que les cinq conſequences qu'il en tire par ſon raiſonnement fuſſent des
dogmes de foy; ſoit parceque la raiſon humaine ſe peut
tromper; comment donc pourroit-elle par ſa propre autorité eſtablir parmy nous des articles de foy, qui doiuent eſtre des veritez diuines & des choſes reuelées; Le
muable & l'incertain peuuent-ils produire l'immuable
& l'infaillible? Les tenebres ont-elles iamais enfanté la
lumiere? Soit parceque le S. Siege nous apprend que les
cinq conſequences que Mʳ Arnauld pretend tirer au-

iourd'huy de son principe, comme autant d'articles de foy, sont des Propositions heretiques, impies, & blasphematoires ; si ce n'est que nous soyons plus obligez dans l'Eglise, de deferer au iugement de M' Arnauld, cet homme incomparable en matiere de Sophismes, que d'obeir aux Decrets du S. Siege, à l'ordre des Euesques de France, au iugemét doctrinal des Docteurs de la Faculté de Theologie de Paris, & à la croyance de toute l'Eglise.

Aprés tout, s'il se trouue quelqu'vn qui soit encore en peine de sçauoir ce qu'il doit faire sur ce suiet, ou qui doute s'il doit suiure la doctrine de M' Arnauld, ou la doctrine commune de l'Eglise, certes il ne peut estre que de la famille du Port-Royal, ou de celle des Petites Maisons; mais l'vne & l'autre ne meritent pas qu'on y songe : La premiere, parcequ'elle se plaist dans son aueuglement, & ne veut pas en guerir : La seconde, parceque le defaut de raison ne la rend pas moins incurable qu'inuolontaire.

La quatriéme est, que cette *seule grace efficace par elle mesme*, au sens qu'ils l'expliquent, *doit estre*, disent-ils, *reconnuë pour la propre grace de Iesus-Christ*, c'est à dire pour *la seule grace* de Iesus-Christ, comme ils l'ont dit tant de fois ; en sorte qu'aprefent dans l'estat de la nature décheuë, dans lequel nous viuons, il n'y a point d'autre grace medicinale de Iesus-Christ, que le seul *secours par lequel*, selon Iansenius, ou la *seule grace efficace par elle mesme*, selon les Iansenistes, qui est le mesme sens que celuy auquel Iansenius nous explique son *secours par lequel:* Tellement que la grace habituelle, la Foy, l'Esperance & la Charité, qui estoient en Adam dans l'estat d'innocence, ny mesme la remission des pechez, ne sont point aprefent graces mediciñales de Iesus-Christ, si nous en croyons Iansenius, tant il estoit éclairé dans la Theologie *toute celeste*, *toute sublime*, *& toute Apostolique*, que M' Arnauld a découuerte dans son liure, & dont il ne veut point se départir, quelque anatheme dont l'Eglise le puisse menacer.

C'est aussi pour cela que dans la réponse qu'ils auoiét eu.

deſſein de faire au liuret intitulé, *Le Secret du Ianſeniſme,* ils nous ont dit hardiment comme ils font encore auiourd'huy dans leur dernier Ouurage; *Que les Peres ne parlent que d'vne grace qui eſt touſiours efficace, puiſqu'ils n'en connurent iamais d'autre; d'où vient que lors qu'ils diſent que la grace diuine n'eſt pas accordée à tous les hommes, ils n'oppoſent point cette grace à vne autre grace, comme s'il y en auoit vne qui fuſt donnée à tous les hommes, & vne autre qui ne le fuſt pas; Et qu'il n'y a point d'autre-grace de Ieſus-Chriſt que cette grace efficace & victorieuſe.*

S. Auguſt. victorieux de Caluin pag. 14. & 15. confer. 1. ch. 4.

Ce qui eſt vn horrible blaſpheme, puiſqu'ils détruiſent le domaine abſolu de Ieſus-Chriſt qui s'étend ſur toutes les graces actuelles, habituelles, vertus infuſes, & ſur les Dons du S. Eſprit qui nous ſont communiquez pour nous guerir, par l'vſage & par l'application des Sacremens, dans l'eſtat preſent de la nature malade; puiſqu'ils reſſerrent ce domaine dans le détroit de la *ſeule grace efficace par elle meſme*, dont l'effet ne peut eſtre arreſté ny empeſché de noſtre part; & qu'ils precipitent les hommes, qui n'ont pas cette grace, dans vne euidente neceſſité de pecher.

Tellement que ſi vous demandez à quelque fille Ianſeniſte, tombée en faute, la raiſon pour laquelle elle a perdu ce qu'elle deuoit conſeruer plus cherement que ſa vie, elle vous repartira ſur le champ que c'eſt à Dieu qu'il faut faire cette demande, & non pas à elle, puiſque la grace touſiours inuincible, laquelle on ne reiette iamais, & ſans laquelle on ne peut rien, luy ayant manqué dans cette occaſion, elle ne pouuoit pas, dans la penſée des Docteurs Ianſeniſtes ſes ſages directeurs, reſiſter au peché, à moins que d'eſtre Pelagienne; Et que comme elle a touſiours creu que la doctrine des Docteurs du Port-Royal eſtoit tres-pure dans la foy, elle aimoit beaucoup mieux eſtre impudique, pourueu qu'elle demeuraſt Ianſeniſte, que d'eſtre chaſte, & paſſer dans l'eſprit de ces grands hommes pour vne Pelagienne. Car c'eſt ainſi que ces Meſſieurs ont touſiours traité la foy de

l'Eglife Romaine , & de tous ceux qui l'ont defenduë
contre leurs inuectiues ; Mais cecy s'éclaircira dauantage dans la reflexion fuiuante, qui concerne le pouuoir
prochain qu'ont les fideles de faire ou de prier pour s'abftenir du peché dans le temps mefme qu'ils y tombent.

La cinquiéme eft, que la Propofition que nous examinons, dans le dernier Ouurage de Mr Arnauld & de fes
adherans, dit que cette feule *grace efficace par elle mefme*
(qui eft felon eux la feule grace de Iefus-Chrift) *donne le*
pouuoir prochain de faire les actions de pieté, & que fans elle
nous n'auons pas ce pouuoir, ou pluftoft que nous ne pouuons
rien, puifqu'ils ne reconnoiffent pour toutes graces, que
la feule grace efficace par elle mefme, dont ils font deux
branches, l'vne imparfaite, l'autre parfaite, en forte que
l'vne & l'autre opere toufiours neceffairement fon effet,
felon toute l'étenduë de fa vertu ; & qu'ainfi elles ne donnent iamais de pouuoir, qu'elles n'en donnent auffi l'effet :
fi donc vous n'auez pas cet effet, vous n'auez pas auffi ce
pouuoir ; d'où il s'enfuit que fans la feule grace efficace
par elle mefme, au fens des Ianfeniftes, l'homme ne peut
rien dans le bien.

Il eft vray que dans les principes de la doctrine de Ianfenius, que ces Meffieurs renouuellent, ils ont raifon de
parler de la forte ; car la grace efficace qu'ils ont appellée
imparfaite, ne donne aucun pouuoir de garder le precepte : d'où vient que celuy qui n'aura que cette grace imparfaite, n'aura iamais par elle le pouuoir d'accomplir le
precepte, puifque felon leurs maximes, elle n'eft donnée de Dieu pour autre effet que pour former dans le
cœur vn commencement de bonne volonté ou le fimple
defir de bien viure ; d'où il s'enfuit par vne confequence
neceffaire, que celuy d'entre les fideles qui n'a pas cette
grace efficace par elle mefme, que ces Meffieurs appellent parfaite, n'a point auffi le pouuoir prochain d'accomplir le precepte, dans le temps qu'il luy importe de
le garder, ny mefme de prier, comme lors que la tentation fe prefente à luy armée de tous fes charmes, & ac-

compagnée

compagnée de fes plus attrayantes voluptez.

Car s'il auoit cette grace, il auroit non feulement le pouuoir prochain de triompher des dépoüilles de cette tentation, c'eft à dire qu'il ne lafcheroit pas feulement le manteau par fa fuite, comme vn autre Iofeph, mais il fe dépoüilleroit encore de fa propre vie; Et quand mefme il feroit mollement couché fur vn lit de rofes, enchaifné par des liens de foye, & expofé à la mercy d'vne femme lafciue & toute brûlante d'amour, il fouffriroit pour lors mille tourmens, & fe tronçonneroit la langue, pour la vomir & la cracher toute fanglante contre le vifage de cette impudique, pluftoft que de confentir au peché; parceque cette grace toufiours inuincible emporte neceffairement auec elle le confentement de la volonté, & qu'en donnant le pouuoir, elle donne neceffairement l'effet & le fruit de ce pouuoir, qui n'eft autre que la bonne œuure, ou l'action de pieté.

Suppofons donc qu'vne Dame Ianfenifte ait efté engagée, à la perfuafion de fon mary, d'embraffer cette nouuelle doctrine, & que tombée dans le peché deshonnefte, elle ait efté fi malheureufe, que de s'eftre veu furprife, & conuaincuë de cette faute par fon mary Ianfenifte, (& Dieu veüille que cet exemple ne foit qu'vne fiction, & non pas vne hiftoire veritable) fi dis-ie eftant furprife & blafmée par fon mary, foit de la griefueté de fon crime enuers Dieu, foit de l'affront & du dommage qu'elle fait à toute fa famille; fi dis-ie cette femme luy replique qu'elle n'auoit pas pour lors *la grace efficace par elle mefme,* qui feule eft requife & neceffaire à toute action de pieté, ny par confequent le pouuoir prochain de refifter à la tentation de cet importun qui luy demandoit vne chofe, qu'elle ne pouuoit pas pour lors luy refufer; ny mefme le pouuoir de prier, & de demander à Dieu le fecours neceffaire pour fe defendre du peché; que luy repliquera ce mary Ianfenifte? C'eft ce que i'ay peine de conceuoir; fi ce n'eft que cet homme rendu fage en fa perfonne, par le gouft du fruit defendu des maximes de cette nouuelle

doctrine, dans cette funeste experience (dont il n'y à
que trop d'exemples dans le monde,) remonstre douce-
ment à sa femme, qu'il est d'auis qu'elle renonce desormais comme luy, à cette nouuelle doctrine, dans laquelle il l'auoit engagée; qu'elle luy dise de bon cœur, & à
tous ses defenseurs anatheme, pour reprendre l'ancienne
foy de l'Eglise, & la doctrine de leurs Peres, dans laquelle elle auoit tousiours vescu chaste & pudique, auant
que le Iansenisme eust paru dans la France.

Retournons, ie vous prie, luy diroit-il, à l'ancienne
doctrine de l'Eglise, dans laquelle vous trouuerez le secours de Dieu, & le pouuoir necessaire pour conseruer
la chasteté, que la doctrine nouuelle vous a fait perdre,
l'exposant à mille hazards par le refus qu'elle fait (mesme au iuste quand il y va d'accomplir vn precepte) de la
grace de Dieu, & du pouuoir de resister aux frequentes
attaques de la tentation, ausquelles la chasteté est si su-
iette dans Paris & ailleurs, par la trop grande liberté de
quelques conuersations dangereuses, que le monde appelle honnestes & ciuiles, par vne estrange corruption.

Mais laissons là ces moralitez qui n'ont que trop de
fondement & de verité dans ces matieres contingentes,
& remplies de plus d'exemples qu'il ne seroit à propos,
pour renouër le fil de la doctrine contenuë & resserrée
dans la Proposition, qui sert de suiet à ces presentes reflexions; Elle dit donc que la seule *grace efficace par elle*
mesme donne le pouuoir prochain de faire les actions de pieté,
& que sans elle nous n'auons pas ce pouuoir.

Cette Proposition expliquée au sens de ces Messieurs,
comme il a esté remarqué cy-dessus, est à ce qu'ils disent,
vne suite & vne consequence necessaire tant des principes des Thomistes, que des autres Docteurs qu'ils ont
citez dans cet Ouurage, & qu'ils ont batus & rebatus
cent fois dans tous leurs liures precedens; ce qui toutefois est tres-faux; car pour répondre succinctement &
par vne seule parole, à tous les Sophismes & à toutes les
choses, que Mr Arnauld & ses adherans ont alleguées

dans ce dernier Ouurage, ie fouſtiens & mets en faiſ, que de tous les Thomiſtes, & de tous les autres Docteurs Catholiques, dont ils citent quelques paſſages à leur mode, c'eſt à dire, ou tronquez, ou dans vn autre ſens, que celuy de l'Auteur, il n'y en a pas vn ſeul qui ne demeure d'accord & n'auouë, que quiconque d'entre les iuſtes tombe dans le peché, a dans ce meſme temps le pouuoir prochain de s'abſtenir du peché, ou de prier & de demander la grace neceſſaire pour ſe defendre du peché, & ne le pas commettre.

Ce que ie dis pour diſſiper tout d'vn coup les nuages, & les obſcuritez que Ianſenius & ſes Diſciples ont voulu former ſur l'equiuoque de ce nom, ou de ce terme *Pouuoir*, dont ils ont fait tant d'eſpeces differentes & plus bizarres, que ne ſont ces monſtres feints qui paroiſſent parfois dans le ſein des nuées, à deſſein de ſe garantir aux yeux du peuple des anathemes de l'Egliſe, fulminez contre tous ceux qui diſent ou qui diront iamais, que *Dieu commande aux hommes des choſes impoſſibles.*

Ie dis donc, que *ce pouuoir immediat ou prochain*, eſt ce que tous les Docteurs Catholiques entendent, ſous des noms differents *de grace ſuffiſante*, *de ſecours*, *de pouuoir*, & autres, quand ils diſent que celuy qui peche, a le pouuoir de s'abſtenir du peché dans le temps meſme qu'il s'y engage. Hé de grace! N'eſt-ce pas de ce pouuoir immediat ſurnaturel & prochain, de faire ou de demander, que parlent les Peres du ſecond Concile d'Aurange, lors que formât quelques-vnes de leurs deciſions ſur la grace, des textes ou des paroles qu'ils empruntent de S. Auguſtin, ils ont dreſſé ce Canon en ces termes, *Nous croyons*, diſent-ils, *ſelon la foy Catholique, que tous ceux qui ſont baptiſez, & qui ont receu la grace par le bapteſme, Ieſus-Chriſt les aidant & cooperant auec eux, peuuent & doiuent accomplir les choſes qui regardent leur ſalut, ſuppoſé qu'ils veüillent agir & trauailler de leur part auec fidelité.*

Obſeruez ce *pouuoir* & ce *deuoir* qu'ils ioignent enſemble, comme deux choſes inſeparables & neceſſaires pour

Concil. Arauſic. II. can. 25.
Hoc ſecundùm Catholicam fidem credimus, quòd accepta per baptiſmũ gratia, omnes baptiſati, Chriſto adiuuante & cooperante, quæ ad ſalutem pertinent, poſſint & debeant, ſi fideliter laborare voluerint, adq́ implere.

obliger au peché celuy qui contreuient au precepte. Or ce *pouuoir* eſt de deux ſortes dans la doctrine du ſacré Concile de Trente; car il eſt mediat ou immediat, c'eſt à dire *eſloigné* ou *prochain*, ce qu'il nous exprime par ces paroles, *facere quod poſsis*, *& petere quod non poſsis*, *faire ce que tu peux*, *& demander ce que tu ne peux pas*. Car ces paroles, *faire ce que tu peux*, deſignent en chaque fidele le pouuoir ſurnaturel, immediat & prochain, qui ſe trouue en ſa perſonne à l'égard du precepte facile qu'il luy importe de garder, auquel cas ce Concile ne luy demande autre choſe, que de faire ce qu'il peut; pour luy apprendre que de toutes les choſes requiſes & neceſſaires pour agir preſentement, il ne luy en manque pas vne, & qu'il ſuffit qu'il employe ſon pouuoir, & qu'il s'applique à l'action commandée.

Trident. ſeſſ. 6. cap. 11.

Ces autres paroles, *demander ce que tu ne peux pas*, marquent le pouuoir mediat ou eſloigné de faire ou d'accomplir le precepte, & ſuppoſent le pouuoir prochain de demander à Dieu par la priere, le ſecours neceſſaire & prochain de faire, qu'il n'a pas encore; ou vne grace plus forte que n'eſt celle qu'il a dans l'eſtat preſent où il eſt, pour accomplir le precepte, ſelon les paroles ſuiuantes du meſme Concile de Trente, *Et adiuuat vt poſsis*, *Et Dieu t'aide afin que tu le puiſſe*. Tellement que celuy qui n'a pas encore le pouuoir immediat & prochain de faire ou d'accomplir le precepte, qui luy eſt difficile, n'eſt pour lors obligé qu'à prier, autant qu'il en eſt rendu capable par le pouuoir immediat & prochain que Dieu luy donne de prier. Voilà quelle eſt la doctrine de ce Concile.

Or faiſons maintenant vn parallele de la doctrine de Mr Arnauld auec la doctrine du S. Concile de Trente, & conſiderons attentiuement les preuues de l'vn & de l'autre, pour voir ſi elles tendent à meſme fin : Mr Arnauld ſouſtient que le precepte eſt parfois impoſſible au iuſte ; il le prouue, parce, dit-il, que le precepte eſt impoſſible ſans la grace ; or la grace manque parfois au iuſte, donc le precepte eſt parfois impoſſible au iuſte.

Voilà quel eſt ſon argument & ſa preuue, dont nous
auons demonſtré la nullité dans nos autres Ouurages;
tant parceque S. Auguſtin ne dit point que S. Pierre fuſt
iuſte lors qu'il renia Ieſus-Chriſt, & qu'il dit meſme le
contraire ; que parceque les Saints Peres remarquent
tous, que la grande preſomption que cet Apoſtre eut en
ſes propres forces, fut cauſe de ſa cheute.

Le S. Concile de Trente au contraire entreprend de
nous monſtrer que Dieu ne donne point aux hommes de
preceptes impoſſibles, & moins encore aux iuſtes; Voyons
comme il argumente. La preuue ou la raiſon qu'il en
donne, eſt que Dieu en nous impoſant le precepte nous
ordonne de faire ce que nous pouuons. Si donc nous le
pouuons accomplir, nous n'auons qu'à faire ou à vouloir,
comme dans les actes interieurs de Foy, d'Eſperance, &
de Charité, & pour lors le precepte nous eſt prochainement poſſible.

Que ſi nous ſentons en nous meſmes vne impuiſſance
d'accomplir le precepte, tel que pourroit eſtre celuy de
la dilection des Ennemis, que fait le Concile pour nous
monſtrer que ce precepte ne nous eſt pas impoſſible,
quoy que prochainement nous ne puiſſions pas l'accomplir; il nous ordonne de demander ce que pour lors nous
ne pouuõs pas prochainement, & nous enuoye à la priere
cõme à vn moyen aſſeuré, infaillible, & qui ne nous man-
quera pas, pour obtenir la grace requiſe pour accomplir
le precepte, quand il dit, *Et Dieu t'aide afin que tu le puiſſe.*

De maniere, que l'argument du S. Concile eſt vn dilemme inuincible, qui ſe reſout à ces deux propoſitions
contradictoires : ou tu peux prochainement accomplir
le precepte, ou tu ne le peux pas; ſi tu le peux, accomplis
donc le precepte; ſi tu ne le peux pas, demande la grace
requiſe que tu n'as pas encore; car Dieu te la donnera,
puiſqu'il *t'aide afin que tu le puiſſe*, & par elle tu accom-
pliras le precepte; d'où il conclud neceſſairement contre
l'hereſie de Mr Arnauld, que Dieu ne nous commande
pas des choſes impoſſibles.

Cette conclusion est indubitable, demonstratiue, & si conuaincante, qu'il ne faut qu'vn sens commun pour en comprendre la force : Et parcequ'en matiere de foy, il est plus seur de suiure la doctrine de l'Eglise, qui nous parle dans vn Concile Oecumenique, que de s'attacher au sentiment particulier d'vn Nouateur condamné d'heresie sur ce point par le Pape, par les Euesques de France, & par les Docteurs de la Faculté de Paris; ie n'estime pas qu'il se trouue vn homme de bon sens, qui veuïlle preferer desormais le sentiment de Mr Arnauld à celuy de toute l'Eglise.

C'est ainsi que parle l'Eglise dans ses Conciles, contre les fausses maximes de Iansenius & de Mr Arnauld, qui nous disent effrontément, que la priere est vne grace efficace par elle mesme, qu'on ne reiette iamais, & qui ne se trouue pas tousiours dans le iuste; parceque là où elle se rencontre, elle produit tousiours necessairement & inuinciblement son effet, comme inseparable du pouuoir immediat qu'elle donne de prier ; & que la raison pour laquelle le iuste parfois ne prie pas dans le temps qu'il est tenté, & qu'il succombe, est parceque Dieu luy refuse pour lors cette grace.

O le detestable blaspheme, & l'horrible impieté, de vouloir priuer le iuste, de la chose que Dieu ne dénie pas mesme aux pecheurs & aux Publicains dans l'Euangile, & arracher par force d'entre les mains du iuste, ce don gratuit & general, qui est dans l'Eglise, ce que l'air est dans le monde sans lequel on ne peut viure! Car qui peut viure saintement sans l'vsage de la priere, qui nous est comme vne espece de monoye dans toutes nos necessitez spirituelles, par laquelle Dieu nous liure dans ce saint commerce, toutes les choses requises & necessaires à salut ?

Defense de la Constit. page 230. & 231. C'est ce qui nous engage dans le troisiéme point, que nous auons à traiter, lors qu'ils disent que *la grace necessaire pour prier est efficace par elle mesme, &c. & que S. Pierre n'eut pas la grace necessaire pour prier;* D'où ils s'ensuit, dans

leurs principes, que celuy auquel Dieu donne cette grace, prie neceſſairement, & que celuy auquel Dieu ne la
donne pas, n'a pas le pouuoir de prier; ce qui eſt tres-
faux, & tres-iniurieux à S. Auguſtin, & au ſacré Concile de Trente.

Car comme la priere eſt le ſeul & l'vnique moyen, auquel ce Pere & ce Concile nous renuoyent, pour obtenir
les ſecours & les graces qui nous manquent, quand il s'a-
git d'accomplir vn precepte qui nous paroiſt difficile; on
pourroit dire pour lors, que le ſens des paroles de S. Auguſtin & du ſacré Concile de Trente, ſeroit comme s'ils
diſoient, Mes enfans ne vous mettez en peine de rien,
viuez ſans trouble & ſans inquietude ; car ſi Dieu veut
que vous gardiez ſon precepte qui vous paroiſt difficile,
il vous donnera *la grace de prier qui eſt touſiours efficace par
elle meſme,* & pour lors vous prierez neceſſairement, puiſqu'il ne vous veut donner *la grace efficace par elle meſme* de
l'accompliſſement du precepte, ou l'action de pieté, que
par l'entremiſe *de la grace efficace de la priere*, laquelle on
ne reiette iamais; ou s'il ne vous donne pas *la grace efficace
de la priere*, c'eſt que Dieu ne veut pas que vous gardiez
le precepte ; eſtant indubitable que celuy qui refuſe le
ſeul moyen neceſſaire pour obtenir vne fin, refuſe auſſi
cette fin. Ce qui eſt tres-ridicule, car comme on ne peche point, en faiſant ce que Dieu veut, ie dis que ſuppoſé
que Dieu ne veuïlle pas que quelque homme garde vn
precepte, & qu'il luy en refuſe tous les moyens, cet homme pour lors ne peche point en ne gardât pas le precepte.

Car ſuppoſé par impoſſible, que Dieu ne veuïlle pas
que Mr Arnauld garde le precepte de l'obeïſſance qu'il
doit au Pape, aux Eueſques de France, & à la deciſion
des Docteurs de la Faculté de Theologie de Paris; ie dis
& ie ſouſtiens qu'il ne pechera point en ne gardant pas
ce precepte ; car autrement Dieu ſeroit auteur & re-
ſponſable de ce peché, puiſque la volonté de Dieu
eſtant la regle de la noſtre ; tant & ſi long temps que
noſtre volonté ſera conforme à ſa regle, (qui n'eſt autre

que la volonté Diuine) il eſt certain que noſtre volonté ne pechera iamais, puiſque tout peché actuel n'eſt autre choſe qu'vne contrauention de noſtre volonté à celle de Dieu.

Mais S. Auguſtin n'eſt pas de l'auis de Mr Arnauld, car ce Saint Pere nous dit que *Dieu n'a refuſé à perſonne le moyen de chercher vtilement & auec fruit, ce qu'il ignore ſans fruit, & de confeſſer humblement ſa foibleſſe, afin que Dieu qui ne ſe meſcompte ny ne ſe peine point quand il nous aide, ſecoure & aſſiſte celuy qui le cherche, & qui confeſſe ſa foibleſſe.*

Si donc toute perſonne, ſelon S. Auguſtin, c'eſt à dire ſi tous les hommes ſans exception, ont le moyen, ou le pouuoir de chercher ce qu'ils ignorent, & de confeſſer humblement leur foibleſſe & leur infirmité, puiſque *Dieu ne le refuſe à perſonne*, il s'enſuit que tous les hommes peuuent confeſſer humblement leur indigence; & rechercher les moyens de leur ſalut.

Mais parcequ'entre les Docteurs, que Mr Arnauld & ſes adherans ont inſinuez dans ce dernier Ouurage, pour former vn cahos d'obſcurité & de tenebres, ils ont cité tant de fois Monſieur Pereyret Docteur de Nauarre, ſi fameux & ſi connu par ſa grande ſuffiſance; qu'ils l'ont, dis-ie, allegué pour autoriſer leurs fauſſes maximes touchant la poſſibilité des preceptes: il me ſuffit pour l'affranchir de ce blaſme, de rapporter ce que l'vn des Docteurs Ianſeniſtes en a dit autrefois dans vn liure intitulé, *La grace victorieuſe*; il me ſuffit, dis-ie, pour les conuaincre de mauuaiſe foy, d'en rapporter ce ſeul paſſage, qui ſe trouue en ces termes, en la page troiſiéme de ce liure.

Ce n'eſt pas (dit ce Docteur Ianſeniſte) *que Monſieur Pereyret ait enſeigné cette Propoſition tout à fait au meſme ſens auquel Monſieur d'Ypre l'a enſeignée, puiſque ce Docteur reconnoiſt & prouue au meſme lieu, que les iuſtes ont touſiours vne grace ſuffiſante de prier; & par conſequent le pouuoir éloigné ou prochain d'accomplir le precepte.*

Voilà ce qu'il en dit; mais i'adiouſteray en l'honneur

de

de ce celebre Docteur, qu'vn Ianſeniſte luy ayant dit en pleine Faculté, qu'il auoit autrefois ſouſtenu au ſens de Ianſenius, la premiere des cinq Propoſitions, Monſieur Pereyret *le nia;* & toutefois pour ſatisfaire cette grande aſſemblée, & ne ſe point engager dans vne preuue qui auroit eſté d'vne trop longue diſcuſſion, il declara que *s'il l'auoit enſeignée, il la retractoit en preſence de tous*, ſe rendant encore plus illuſtre par cet acte d'humilité & de ſoumiſſion, que par ſa profonde doctrine connuë de tous les ſçauans.

Le dernier point eſt le plus conſiderable; car aprés que Monſieur Arnauld dans ce dernier Ouurage, a rétably par ſes preuues ordinaires, mais tres-inſuffiſantes (n'en déplaiſe à ſa grande ſuffiſance) le principe & le point ſur lequel Ianſenius auoit appuyé tout le fond de ſa doctrine, & toutes les erreurs que le Pape a foudroyées, en condamnant ſa doctrine, il s'eſt perſuadé que nous ayant appriuoiſez à ſa fauſſe maxime de *la ſeule grace de Ieſus-Chriſt, efficace par elle meſme*, au ſens particulier qu'il luy donne, le Pape, les Eueſques de France, les Vniuerſitez, & tous les Suiets Catholiques de l'Egliſe, ne pouuoient plus trouuer mauuais, qu'il renouuella franchement les cinq Propoſitions cenſurées.

Car, dit-il, *cette grace efficace par elle meſme eſtant ſuppo-*   pag. 270. *ſée, quoy que la queſtion traitée dans ce liure ne regarde ex-preſſément que la premiere Propoſition; toutefois il ne reſte plus aucune difficulté en ce qui eſt des autres, ſi l'on demeure d'accord que la grace efficace par elle meſme eſt neceſſaire à toutes les actions de pieté, qu'elle donne le pouuoir prochain de les faire, & que ſans elle nous n'auons pas ce pouuoir : Qu'on ne peut pas dire qu'Innocent X. ait condamné cette doctrine, non plus qu'on ne peut croire qu'il ait condamné d'impieté, d'hereſie, & de blaſpheme, la doctrine des ſaintes Ecritures, les prieres de toute l'Egliſe, l'Oraiſon Dominicale, les Definitions des Papes, les ſentimens de S. Auguſtin, des autres Peres de l'Egliſe qui ont écrit de la grace, & ceux de S. Thomas, & des principaux Theologiens de l'Ecole.*

.D

Page 271.

Il dit en ſuite, *Suppoſé que cette grace neceſſaire à toutes les actions de pieté, ſoit efficace par elle meſme, & qu'elle donne ſeule le pouuoir prochain de les faire, comme nous l'auons mon- ſtré;* on a pû tirer de ce principe pour des concluſions in- faillibles & conuainquantes, les cinq Propoſitions, qui iuſques à preſent ont fait tant de bruit dans l'Egliſe, ainſi que ie le demonſtreray par leurs propres paroles, aprés auoir obſerué trois choſes, & leur auoir arraché d'entre les mains S. Thomas & les Thomiſtes.

La premiere eſt, qu'il faut que Mr Arnauld & ſes adhe- rans ayent vn grand defaut de memoire, puiſqu'ils ne ſe reſſouuiennent plus, d'auoir dit & declaré dans leurs *Memoire ſur le deſſein pag.* 1. libelles, *qu'on ne ſouſtient, & qu'on ne ſouſtiendra iamais ces Propoſitions condamnées, ſous pretexte de quelque ſens, & de quelque explication que ce ſoit, &c. Qu'on les condamne ſans y chercher aucune explication;* ou il faut qu'ils ſoient tombez dans vn eſtrange aueuglement, puiſque dans ce dernier Ouurage, ils ont le front & l'audace de renou- ueller les cinq Propoſitions cenſurées, & de nous les pre- ſenter comme des conſequences neceſſaires qui fluent de leur principe, c'eſt à dire de *la grace efficace par elle meſme,* dans le ſens qu'ils luy donnent, & qui n'eſt autre en effet que l'*Adiutorium quo* de Ianſenius.

Mais parce que Monſieur Arnauld & ſes adherans ſont en poſſeſſion de ſe contredire ſans ceſſe, ainſi que nous l'auons monſtré par tant de textes tirez de leurs propres écrits, dans noſtre *Reſponſe à ſa ſeconde Lettre,* & de donner la gehenne aux Saints Peres & aux Docteurs Scolaſti- ques, pour les faire parler en faueur de leurs maximes nouuelles, inoüyes à toute l'Antiquité; Paſſons à la ſe- conde choſe que nous deuons obſeruer.

Ie dis donc pour ſeconde obſeruation, que la maxime nouuelle de Monſieur Arnauld & de ſes adherans, tou- chant *la grace efficace par elle meſme,* aux termes qu'elle eſt par eux conceuë, & au ſens de Ianſenius & de ſes Diſci- ples, qui eſt que cette *grace efficace eſt la ſeule grace de Ieſus Chriſt,* & tellement *efficace par elle meſme qu'on ne la reiette iamais, qu'elle opere touſiours ſon effet*, dans toute l'eſtenduë de ſa vertu, & que par vne ſuite neceſſaire, dans l'eſtat de la nature décheuë, il n'y a point de grace (que l'Ecole appelle *ſuffiſante*) c'eſt à dire vne grace qu'on reiette, ou qui ſe trouue priuée de ſon effet par la reſiſtance de la volonté ; ie ſouſtiens, dis-ie, que cette propoſition eſt heretique, ſoit parcequ'elle exclud toutes les autres graces, de l'ordre de la grace medicinale de Ieſus-Chriſt, & fait que Ieſus-Chriſt n'eſt plus le Redempteur des Enfans qui meurent aprés le Bapteſme, ny le Medecin de leurs playes, puiſque ces petites creatures ayant receu par la grace, dans les eaux du Bapteſme, la remiſſion du peché originel, qui (ſelon Ianſenius) *n'eſt pas vne grace de Ieſus - Chriſt, parcequ'elle n'eſt pas vne grace actuelle ou medicinale, ny ſon Adiutorium quo* ; ils pourroient dire à Ieſus - Chriſt dans le Ciel, vous eſtes l'obiect de noſtre gloire, mais non pas noſtre Redempteur, ny le Medecin de nos playes ; ce qui eſt heretique dans la doctrine de S. Auguſtin, lors qu'il reproche aux Pelagiens d'enuier à ces petites creatures celuy qui les a rachetez ; ſoit parcequ'elle eſt iniurieuſe à Ieſus-Chriſt, puiſqu'eſtant l'Auteur, le Principe & la Plenitude de toute grace, c'eſt luy faire vn outrage irreparable que de luy retrancher la plus belle partie de ſon domaine, qui conſiſte, ſoit dans les graces & dans les dons du S. Eſprit, ſoit dans la remiſſion des pechez, qui nous reconcilie à Dieu, & nous rétablit en ſa grace par l'extinction du peché, qui nous en auoit ſeparez.

Mais pour conuaincre de fauſſeté Mr Arnauld, & tous ſes adherans, qui par vne hardieſſe peu ſupportable n'auancent iamais de nouueau ſentiment, qu'à l'inſtant ils ne le faſſent paſſer dans leurs écrits, pour vne *maxime toute Euangelique, toute Apoſtolique, & d'vne tradition continuelle, confirmée par tous les Peres, par les Conciles, & par les Definitions des Papes ;* ie leur dis par la bouche de S. Auguſtin, que leur Propoſition touchant leur *ſeule grace efficace*, dans les termes qu'elle eſt conceuë, & dans

D ij

Ianſen. lib. 2. de grat. Ch cap. 5.
Ex quo fit vt neque remiſſio peccatorum , neque gratia habitualis, neque virtutes infuſæ , neque gratia ſufficiens , ſit illud Adiutorium quo, quod quærimus, &c. neque ſit adiutorium ægræ infirmæque voluntatis, ſed fortis & ſanæ, nec adiutorium Chriſti ſaluatoris, ſed Adami.
Auguſt. lib. 1. op. imperf. cap. 30.
Nolite Saluatoré pueris non ſaluis inuidere.

le fens qu'ils luy donnent, qui eſt *qu'elle ſeule donne le pouuoir prochain, & que ſans elle on n'a pas ce pouuoir*, eſt tellement fauſſe, & que ce qu'ils en diſent eſt tellement nouueau dans toute l'antiquité des douze premiers ſiecles, auſquels ils ont touſiours fait profeſſion de s'arreſter & de ſe renfermer, qu'il n'eſt pas en leur puiſſance de nous la faire lire, ny dans l'Euangile, ny dans les écrits des Apoſtres, ny dans les Conciles, ny dans les Definitions des Papes, ny dans les Peres des douze premiers Siecles, nombre myſterieux pour Meſſieurs les Ianſeniſtes, dont les Eſleus ou les Apoſtres ſont au nombre de douze, & ils m'entendent bien.

Donc comme ils ne nous peuuent lire ny monſtrer leur nouuelle Propoſition dans cette ancienne ſource, ny dans les Decrets des Papes, ny dans les Canons des Conciles poſterieurs, d'où nous puiſons les veritez de l'Egliſe & les dogmes de foy; non plus que les Donatiſtes embaraſſez par cette maniere d'attaque & de conuiction, dont Saint Auguſtin nous a donné & l'exemple & la regle lors qu'il les combattoit, ne pouuant pas monſtrer à ce Pere dans la ſainte Ecriture leurs Propoſitions erronées, qu'ils diſoient eſtre de la ſainte Ecriture, eſtoient obligez de ſe taire.

Certes nos Meſſieurs auroient mieux fait de garder le ſilence, que de l'interrompre ſi ſouuent par des nouueautez criminelles. Ils nous permettront cependant de dire *anatheme* à leur nouuelle Propoſition au ſens qu'ils luy donnent, puiſqu'ils ne la peuuent lire dans S. Auguſtin, ny dans les anciens Peres; de meſme que S. Auguſtin diſoit *anatheme* aux Propoſitions extrauagantes des Donatiſtes, qu'ils pretendoient eſtre tirées de la ſainte Ecriture, ſans toutefois qu'ils les puſſent faire lire à Saint Auguſtin, ny dans l'ancien ny dans le nouueau Teſtament.

La troiſiéme eſt encore de plus grande importance que les deux precedentes, & reuele le ſecret du liure nouueau que nous examinons, qui tend à faire voir clairement, que dans la penſée de ces Meſſieurs les cinq Propoſitions ne ſont point condamnées au ſens de Ianſenius; Car ils nous diſent à preſent *qu'ils ſouſtiennent encore ce qu'ils ont ſouſtenu ;* Or ils ont ſouſtenu dans l'vn de leurs Ouurages, faits depuis la Bulle que *de condamner le ſenti-ment de Ianſenius touchant ces cinq propoſitions, ce ſeroit con-damner tout le contraire des Propoſitions meſmes,* que M^r Ar-nauld a dit tant de fois eſtre *heretiques* dãs ſes deux *Lettres;* c'eſt à dire que de condamner les cinq Propoſitions au ſens de Ianſenius, ou condamner ſa doctrine (ce que tou-tefois le Pape & les Eueſques de France ont fait à la veuë de toute l'Egliſe) ce ſeroit condamner par Innocent X. *d'impieté, d'hereſie, & de blaſpheme, la doctrine des ſaintes Ecritures, les Definitions des Papes, les ſentimens de S. Au-guſtin, & des autres Peres de l'Egliſe,* & tout le reſte ; Car ces Mèſſieurs ne marchent iamais qu'en bataille rangée: Donc il eſt vray qu'ils ſouſtiennent à preſent la doctrine de Ianſenius, & les cinq Propoſitions cenſurées;puiſqu'ils declarent qu'ils ſouſtiennét encore ce qu'ils ont ſouſtenu.

Memoire ſur le deſſein pag. 4.

Aprés tout, ce qu'ils ont fait dans ce dernier Ouurage pour abuſer les ſimples, a eſté ſeulement de taire le nom de Ianſenius, (qui ne leur eſt pas fauorable à preſent) ſelon leur ſecrete deuiſe, *In tempore opportuno,* & de re-nouueller impunément les cinq Propoſitions dans le meſme ſens de ce Nouateur, ſans le faire paroiſtre ſur le theatre, c'eſt à dire ſans le nommer ; Ce qui fait voir ma-nifeſtement qu'ils ſont reſolus de n'abandonner iamais la doctrine condamnée de Ianſenius, quelque cenſure, ou pluſtoſt quelque carreau que le Pape, que les Eueſ-ques de France, que les Docteurs de la Faculté de Paris, & que toute l'Egliſe puiſſent lancer ſur leurs fauſſes maximes.

I'auoüe qu'il n'y a point d'homme de bon ſens, qui ne ſoit ſurpris de cette maniere d'agir toute particuliere à Mr Arnauld & à ceux de ſon party, mais qui n'eſt pas moins ridicule qu'extrauagante & de mauuaiſe foy. Car demandez à ce Sophiſte ce qu'il a voulu faire dans l'ou-urage que nous examinons, il vous dira qu'il a voulu *defendre la Constitution d'Innocent* X. & condamner ce qu'elle condamne. Y euſt-il iamais rien de plus iuſte ? Cependant ſi vous liſez cette Conſtitution pour y voir ce qu'elle condamne, vous trouuerez qu'elle condamne cinq Propoſitions d'hereſie ; & au contraire ſi vous conſultez le liure de M.r Arnauld, dont le titre vous auoit promis de defendre cette Bulle, & de condamner auec elle ce qu'elle condamne, il fera de vains efforts pour vous prouuer, que ces cinq Propoſitions (que le Pape a cenſurées) ſont tres-catholiques, & qu'elles ne peuuent eſtre condamnées à moins que de condamner l'Euangile & la doctrine des Peres, des Conciles & des Papes.

Mais qui a iamais entendu parler de cette eſpece d'Apologie qui renuerſe & terrace, ce qu'elle fait mine d'éleuer & de mettre en honneur ? Eſt-ce ainſi que les Saints Peres ont defendu la doctrine de l'Egliſe, contre les heretiques de leur temps ? Eſt-ce ainſi que les Tertulliens, les Arnobes, les Iuſtins, les Minutius Fœlix, & les autres ont ſouſtenu contre les Idolatres, les veritez de noſtre Religion ? Mais quoy ! M.r Arnauld plus éclairé que tous ces Peres, a trouué l'art de defendre le Pape excellemment contre tous ſes ennemis, & d'vne maniere non commune, qui eſt d'auancer pour dogme de foy & doctrine de l'Egliſe, ce que le Pape declare eſtre *heretique, impie &* *blaſphematoire.* O l'excellente Apologie de la bulle du S. Pere ! Y euſt-il iamais rien de ſemblable dans toute l'Antiquité ? & puis l'on nous viendra dire que M.r Arnauld eſt vn grand Catholique, parceque les hereſies qu'il enſeigne dans ſes liures ſont couchées en beaux termes.

Voyons maintenant ſi dans l'extreme preſſe où nous l'auons reduit, d'abandonner l'Euangile & la doctrine des Peres, ſous le nom deſquels il auoit eſſayé de mettre à l'abry ſa propoſition heretique, & de mandier le couuert charitable aux Thomiſtes, ſoit dans ſon liure intitulé, *La Defenſe de la Conſtitution,* ſoit dans ſon *dernier Apologe-* *tique;* Voyons, dis-ie, s'il reüſſira dans ce deſſein ; mais i'apprehende pour luy que le lieu de ſon refuge, ne ſoit celuy de ſa confuſion & de ſa honte.

Car ſi nous commençons cet examen par les anciens
Thomiſtes, qu'il auoit appellez à ſon aide dans ſon *Apologetique* ; Le premier eſt vn certain Braduuardinus Anglois qui ne fut iamais Thomiſte, & dont les ſentimens
particuliers, auſſi-bien que ſes écrits ſuſpects de l'hereſie des Predeſtinatiens, (couſins germains des Ianſeniſtes) n'ont eſté deſirez, ſouhaitez & imprimez que par
les heretiques Anglois; quoy qu'il en ſoit, il ſeroit à de-
ſirer que Mr Arnauld ſouſmit ſes écrits au S. Siege auec
autant de ſincerité, qu'a fait ce grand perſonnage.

Le ſecond eſt Ariminenſis de la famille des Augu-
ſtins, que Mr Arnauld traite à ſon ordinaire, c'eſt à dire
auec impoſture; Car ce Docteur au lieu meſme allegué
par Mr Arnauld, ne veut prouuer autre choſe, ſinon
que *l'homme qui eſt en grace, ne peut pas euiter toute ſorte de
peché ſans vn ſecours ſpecial de Dieu* ; c'eſt à dire, comme dit
Ariminenſis dans ſa concluſion, *que la grace habituelle ne
ſuffit pas pour ſurmonter toute tentation ſans la grace actuelle,*
ce qui ne ſauue pas Mr Arnauld.

Le troiſiéme eſt Capreolus, qui ne dit rien à l'auantage de celuy qui l'a cité, & qui dit au contraire contre
Ianſenius & ſon Diſciple, *que la volonté n'eſt point neceſſitée
par la motion de la grace, mais qu'elle eſt vn inſtrument libre,
au pouuoir de laquelle il eſt de ſuiure cette motion.* Iugez ſi
noſtre Sophiſte eſt fort iudicieux de citer cet Auteur qui
condamne tous les liures qu'il a faits deuant la Bulle, &
meſme aprés la Bulle.

Ce ſont là les Docteurs qu'il appelle *anciens Thomiſtes ;* puis il paſſe à quelques recens, que nous examinerons cy-aprés ; mais comme mon deſſein n'eſt pas de faire
en ce lieu vne legende de tous les Thomiſtes recens, pour
les oppoſer à Mr Arnauld ; & que pour penetrer le ſens
de S. Thomas & de ſa doctrine ſur la grace, & ſur les aides
de la grace, on ne peut pas s'en inſtruire plus certainement & plus éuidément que par les liures, que les Domi-
niquains ont fait pour expliquer la doctrine de leur Maiſtre, & la defendre aux pieds du S. Siege contre vne autre

*Illiric. in appen-
dice ad Catal. te-
ſtium veritatis.*

*Georg. Caſſand.
epiſt. ad Herm.
Baucheim.*

*Brad. lib. de cauſa
Dei contra Pelag.*
Totus, *inquit,* penè
mundus poſt Pe-
lagium abiit in
errorem.

*Ariminenſis ab
Arnaldo laudatus
ibidem.*
Secunda concluſio
eſt, quòd nõ quod-
libet peccatũ ho-
mo exiſtés in gra-
tia, poteſt ſine alio
Dei auxilio ſpe-
ciali vitare.
*Capreolus ibid. ab
Arn. citat.*

doctrine, qui luy estoit opposée, touchât la maniere selon laquelle la grace opere en nous & auec nous les actions de pieté; Nous ferôs voir deux choses; dans la premiere nous manifesterons la doctrine de S. Thomas; dans la seconde nous consulterons ses Disciples, i'entends ceux de sa famille, qui l'ont si fortement defendu dans la fameuse dispute *De Auxiliis;* pour monstrer que ces Thomistes qui soustiennent vne *grace efficace*, tirent de ce principe des consequences directement opposées aux consequences que Mr Arnauld pretend tirer de *sa grace efficace par elle mesme ;* car tant s'en faut qu'ils protegent ce Sophiste, ils condamnent tous sa doctrine dans les cinq Propositions qu'il renouuelle, & qu'il tire de sa *grace efficace par elle mesme*, au mauuais sens qu'il luy donne.

C'est ce que nous pouuons éclaircir en peu de mots, pour monstrer que les Iansenistes ne s'accordent nullement auec les Thomistes, si ce n'est au seul nom de la *grace efficace*, & qu'ils sont entierement differents quant au sens & à la verité mesme, & plus opposez que les contraires ne le sont entr'eux mesmes.

Car Mr Arnauld veut que sa *grace efficace* donne l'exclusion à toutes les *graces suffisantes*, c'est à dire qu'il veut qu'il n'y ait point à present d'autres graces, que la *grace efficace*, qui donne tousiours le pouuoir & l'effet en mesme temps, en sorte que l'vn ne peut estre sans l'autre; & qu'ainsi tout homme qui peche, n'a point de grace; Ce qui fait que le pecheur touché de la grace de Dieu ne peut iamais faire aucun acte de contrition. Car comment à l'égard du passé se repentira-t-il de n'auoir pas fait ce qui luy estoit impossible de faire ? Et comment à l'égard de l'auenir protestera-t-il de ne plus retomber dans le peché, si *la grace sans laquelle on ne peut rien, & qui manque parfois au iuste,* selon Mr Arnauld, vient à luy manquer, n'est-ce pas se rendre ridicule, & détruire entierement le Sacrement de Penitence, qu'il auoit fait mine d'établir si fortement dans le liure de *la frequente Communion ?*

Il veut qu'il soit parfois impossible au iuste de garder

le

le precepte, parceque parfois la grace luy manque, lors
mefme qu'il fait effort de l'accomplir. Il veut qu'on ne
refifte iamais à la grace, & qu'elle ait toufiours fon effet
dans toute fa plenitude. Il veut que la grace ne fe répande
pas fur tous les hommes, & que Iefus-Chrift ne foit pas
mort pour tous les hommes. Il veut par fa grace efficace,
qu'il n'y ait plus en nous de liberté d'indifference, & que
la neceffité pure & fimple foit compatible auec noftre liberté, dans les actions meritoires. Il veut enfin que les
cinq Propofitions, que le Pape a cenfurées d'herefie,
foient des propofitions tres-Catholiques. Voilà quelle
eft *la grace efficace* de M Arnauld, au fens qu'il luy donne,
& quelles en font les fuites & les annexes.

Voyons maintenant quelle eft la *grace efficace* de Saint
Thomas, & de fes veritables Difciples, & quelles en font
les fuites & les annexes, & nous trouuerons que S. Thomas, & fes Difciples auec leur *grace efficace* font directement oppofez aux fentimens de Ianfenius & de M Arnauld. Car S. Thomas & fes Difciples admettent des
graces fuffifantes; d'où vient que tout homme qui peche,
peche parcequ'il reiette la grace, ou parcequ'il n'en fait
pas vn bon vfage : Ce qui fait que le pecheur touché de
la grace de Dieu pour fe conuertir, peut & doit faire vn
acte de contrition, Car à l'égard du paffé il fe repentira
d'auoir reietté la grace de Dieu, d'en auoir abufé, & de
n'auoir pas euité le peché, dont il pouuoit s'abftenir s'il
euft voulu fe feruir de la grace ; & à l'égard de l'auenir il
proteftera de n'y plus retomber, parcequ'il fçait que Dieu
n'abandonne iamais le iufte, fi le iufte ne l'abandonne
premierement.

Ils auouënt & fouftiennent que les preceptes font poffibles au iufte, & qu'il a toufiours le pouuoir de faire ou
de prier pour les accomplir. Ils declarent que les pecheurs refiftent à la grace, & qu'ils la reiettent fouuent.
Ils reconnoiffent que Dieu donne des graces fuffifantes
à tous les hommes, & que Iefus-Chrift eft mort pour tous
les hommes. Ils condamnent d'herefie ceux qui difent

auec Mr Arnauld, que l'homme à present n'a pas vne liberté d'indifference, & que la seule necessité de contrainte, est opposée à nostre liberté dans les actions meritoires. Ils ont enfin soustenu en tout temps, que les cinq Propositions (censurées par Innocent X.) estoient heretiques, ainsi que nous verrons cy-aprés.

Il est donc euident à la suite de ce Parallele, qui oppose le sentiment de Mr Arnauld touchant sa *grace efficace*, au sentiment de S. Thomas & des Thomistes touchant leur *grace efficace*, & les met en face l'vn de l'autre, que la doctrine de Mr Arnauld est non seulement contraire, mais encore contradictoire à la doctrine de S. Thomas & des Thomistes, & que la *grace efficace* de nostre Sophiste, & la *grace efficace* de S. Thomas & de son Ecole, ne conuiennent & ne s'accordent qu'au nom seulement ; mais qu'en effet, & quant au sens veritable, elles ne sont pas moins opposées, que l'heretique est opposé au Catholique. D'où il paroist que la ruse dont Mr Arnauld se seruoit pour couurir son erreur sous ce faux masque, ie veux dire sous le nom de *grace efficace*, duquel se seruent les Thomistes, n'estoit qu'vne fourberie, laquelle estant éuentée nous pouuons passer à nos preuues.

Si nous consultons S. Thomas (que Iansenius dit estre *l'Abbreuiateur de S. Augustin*) il nous dira que l'infidele, ou celuy qui n'a point esté baptisé, *à l'instant qu'il a atteint l'vsage de la raison, n'est plus entierement excusé de la coulpe du peché veniel ny du peché mortel; Car la premiere chose à laquelle il se doit pour lors appliquer & porter sa pensée, est de reflechir sur soy-mesme & de penser à soy: Que s'il se porte à sa fin conuenable, il obtiendra par la grace la remission de son peché originel; si au contraire il ne s'applique & ne se porte pas à sa fin conuenable, du moins autant qu'il en est capable dans cet âge de discretion ou de discernement, il peche pour lors mortellement, parcequ'il ne fait pas ce qu'il peut ou ce dont il a le pouuoir en soy-mesme.*

Ie n'examine point à present ce cas de conscience, ie m'arreste seulement à la doctrine de S. Thomas, dans

D. Th. 1. 2. *quæst.* 89, *art* 6. *in corp.* Cùm vsum rationis habere incœperit, non omnino excusatur à culpa venialis & mortalis peccati ; sed primum quod tunc homini cogitandũ occurrit, est deliberare de seipso ; & si quidẽ seipsum ordinauerit ad debitum finem , per gratiam consequetur remissionẽ peccati originalis ; si verò non ordinet seipsum ad debitũ finem , secundùm quod in illa ætate est capax discretionis , peccabit mortaliter , non faciens quod in se est.

laquelle nous voyons qu'il eſtablit vne grace generale ſur tous les hommes, à laquelle s'ils veulent cooperer, ils peuuent obtenir le ſalut, & par vne ſuite neceſſaire accomplir les preceptes, ſans la pratique deſquels il n'y a point de ſalut.

Il repete la meſme doctrine dans la réponſe à la troiſiéme obiection, où il aiouſte que l'infidele *n'eſt obligé au precepte affirmatif*, qui l'oblige de s'appliquer & de s'offrir à Dieu, *que lors qu'il eſt paruenu à l'âge de diſcretion.* Ce qui nous demonſtre deux choſes euidemment dans la doctrine de S. Thomas contre Mr Arnauld. La premiere, que tous les hommes ont la grace de pouuoir ſe conuertir à Dieu, & d'obtenir par cette voye la remiſſion du peché originel, & des autres par conſequent; car il parle des infideles, c'eſt à dire de ceux qui n'ont point eſté baptiſez. La ſeconde, que tout homme infidele peut accomplir le precepte Diuin, par lequel Dieu oblige tous les hommes de ſe conuertir & recourir à luy, ſelon ces paroles du Prophete, *Conuertiſſez-vous à moy, & ie me conuertiray à vous;* & ie vous embraſſeray, c'eſt à dire recourez à moy, & ie vous ſecoureray.

Le meſme S. Docteur pour nous apprendre ailleurs, que parfois nous reiettons la grace, & que nous ne nous en ſeruons pas quand il nous plaiſt, nous dit que *la grace de la loy nouuelle nous aide à ne point pecher, mais qu'elle ne nous rend pas impeccables; d'où vient,* dit-il, *que celuy qui peche aprés auoir receu cette grace, eſt digne d'vne plus grande peine, comme ingrat aux plus grands bien-faits, & comme n'vſant pas du ſecours qui luy eſt donné de Dieu, ſans qu'on puiſſe inferer pour cela, que la loy nouuelle opere la colere de Dieu, parceque cette loy donne autant qu'il eſt en elle, vn aide ou vn ſecours ſuffiſant pour ne point pecher.*

Que ſi nous demandons à S. Thomas quel eſt l'eſtat auquel la volonté ſe rencontre lors meſme qu'elle eſt aſſiſtée de la grace, pour ſçauoir ſi dans ce cas elle eſt neceſſitée à produire ſon acte, ou ſi au contraire elle peut ſuſpendre ſon action & la retenir; il nous dira qu'vn prin-

Ibid. ad 3.
Hoc eſt tempus pro quo obligatur ex Dei præcepto affirmatiuo.

Zachar. 1.
Conuertimini ad me, & ego conuertar ad vos.

1.2. quæſt. 106. art. 2. ad 2.
Gratia noui Teſtamenti etſi adiuuet hominẽ ad non peccandum, non tamen ita cõfirmat in bono, vt homo peccare non poſſit …. & ideò ſi quis poſt acceptã gratiam noui Teſtamenti peccauerit, maiori pœna eſt dignus, tanquam maioribus beneficiis ingratus, & auxilio ſibi dato non vtens; nec tamen propter hoc dicitur quòd lex noua iram operatur, quia quantum eſt de ſe, ſufficiens auxilium dat ad non peccandum.

D. Th. p. 1. quæst.
41. art. 2. in corp.
Quia sicut in
agentis voluntarij
potestate est elige-
re formam quam
effectui conferat;
ita in eius potesta-
te est eligere tem-
pus, in quo effe-
ctum producat.

cipe qui est libre, comme est la volonté, peut suspendre & retenir son action, ou ne pas agir, si bon luy semble, quoy que cette volonté se trouue pourueuë de toutes les choses requises & necessaires pour agir ; Car *de mesme (dit ce S. Pere) qu'il est au pouuoir de l'agent libre ou volontaire de faire choix de la forme qu'il veut appliquer à son effet; ainsi il est en son pouuoir de choisir le temps dans lequel il produise son effet ;* donc il n'est pas necessité à produire son effect ou son acte, puisqu'il peut le retenir.

D'où il est euident que quoy que la volonté soit aidée & secouruë de la grace, sans laquelle elle ne pourroit pas produire vn effet surnaturel, elle peut toutefois ne le pas produire, puisqu'il est en son pouuoir de choisir le temps dans lequel elle donne son effet.

Il est donc vray, selon S. Thomas, que nous faisons quand nous voulons vn mauuais vsage de la grace ; ce qu'on ne pourroit pas dire, si selon Mr Arnauld, toute grace de Iesus-Christ estoit tellement efficace qu'on ne la reiettast iamais, & qu'elle operast tousiours son effet en nous, selon toute l'étenduë de sa vertu.

Or comme Mr Arnauld & ses sectaires ont fait tout leur possible de persuader aux peuples, qu'on ne pouuoit pas condamner leur doctrine, sans condamner en mesme temps la doctrine de l'Ange de l'Ecole; il me suffira de ioindre icy quelques autres passages extraits de cet excellent liure, que le tres - docte Pere Nicolaï Iacobin (qu'on pourroit iustement appeller vne bibliotheque viuante de la doctrine de S. Thomas, tant elle luy est familiere) a fait imprimer depuis peu dans la langue des doctes , pour monstrer que Mr Arnauld & ses sectaires ont esté *des imposteurs, des faussaires, & des corrupteurs de la doctrine de S. Thomas*, ce sont ses termes; l'excellence est qu'il le prouue tres-doctement, aprés qu'il a fait voir que ce Nouateur n'est pas moins infidele & perfide dans la citation des Saints Peres, & de quelques Thomistes, dont il auoit rapporté quelques lambeaux pour cacher son heresie, que dans le faux pretexte qu'il auoit pris de mettre ſes erreurs à couuert aux yeux des ſimples, ſous le voile trompeur de quelques textes tronquez & deprauez des liures de S. Thomas. Mais quelque deffi que ce grand perſonnage ait fait à Mr Arnauld, de le conuaincre en pleine Faculté de *fauſſeté*, de *ſupercherie & de laſcheté* ; ſi eſt-ce que ce fanfaron qui dans l'ouurage que nous combatons, & dans ſes autres liures ne demandoit que le duel & la conference auec nos Docteurs, n'a iamais oſé paroiſtre, faiſant voir par ce refus, qu'il n'eſt vaillant qu'en paroles, & non pas en effet.

Donc comme Mr Arnauld (aprés Ianſenius) a voulu faire paſſer pour vn monſtre, la grace que l'Ecole appelle *ſuffiſante*, & qu'il a meſme ſouſtenu qu'elle eſtoit inconnuë à S. Thomas ; le R. Pere Nicolaï pour le conuaincre de fauſſeté & d'ignorance tout enſemble, entreprend de luy monſtrer que ſelon S. Thomas, Dieu ne manque à perſonne, dans les choſes neceſſaires à ſalut ; d'où il s'enſuit que tous les hommes ont ſuffiſamment de quoy ſe ſauuer.

Il eſt propre à la diuine Prouidence (dit S. Thomas) *de pouruoir à vn chacun des hommes en particulier, des choſes neceſſaires à ſalut, pourueu que de leur part ils n'y apportent point d'obſtacle ny d'empeſchement.*

Et ſur ces paroles de l'Apoſtre, *Dieu par lequel vous eſtes appellez à la ſocieté de ſon fils, eſt fidele : Certes* (dit ce Saint Pere) *il ſembleroit que Dieu ne ſeroit pas fidele, ſi nous appellant à la ſocieté & à la participation de ſon fils, il nous dénioit (autant qu'il eſt en luy) les choſes ſans leſquelles nous ne pouuons arriuer à luy.* Doù il paroiſt que Dieu donne des ſecours ſuffiſans à tous les hommes pour ſe ſauuer, & que tous ceux qui ne ſe ſauuent pas, reiettent cette grace generale & commune à tous les hommes.

Il marque ailleurs que celuy qui ſuccombe à la tentation eſt coupable, *parceque Dieu luy donne le pouuoir d'y reſiſter.* Et ſur l'Epiſtre aux Hebreux, aprés qu'il a dit que *l'homme doit ſe preparer à la grace, & que Dieu la donne à celuy qui s'y diſpoſe, parcequ'il veut que tous les hommes ſoient ſauuez;*

E iij

D. Thom. quæſt.
14. de verit. art.
11. ad 1.
Hoc ad diuinam prouidentiam pertinet, vt cuilibet prouideat de neceſſariis ad ſaluté, dummodo ex eius parte non impediatur.

D. Th. in illud 1.
ad Corinth. 1.
Fidelis Deus, per quem vocati eſtis in ſocietatem filij eius.
Non autem videretur fideliſeſſe, ſi nos vocaret in ſocietatem filij ſui, & nobis denegaret (quantum in ipſo eſt) ea per quæ peruenire ad eum poſſemus.

Et in caput 10.
ſuper illud Fidelis

Deus qui non patietur, &c. Quia dat nobis potestatem resistendi:
In illud ad Hebr. 12. Contemplátes ne quis desit gratiæ Dei. Et ideo gratia nulli deest, sed omnibus quátum in se est, se communicat; sicut nec Sol deest oculis cæcis.
Lib. 3. contr. gent. cap. 159.
Deus quantum in se est, paratus est omnibus gratiam dare, sed illi soli gratia priuantur, qui gratiæ impedimentú prestant, sicut Sole mundú illumináte imputatur in culpam ei qui oculos claudit, si ex hoc aliquod malum sequatur.
1. 2. quæst. 76. art. 2. ad 2.
Etsi priuatio gratiæ secundùm se non sit peccatum, tamen ratione negligentiæ præparandi se ad gratiã, potest habere rationem peccati.
1. part. quæst. 49. art. 1. ad 3.
Submersio nauis attribuitur nautæ vt causæ, ex eo quod non agit quod requiritur ad salutem nauis: sed Deus non deficit ab agendo quod est necessarium ad salutem.

il conclud en ces termes: *Il est donc vray que la grace ne manque à personne, & qu'elle se communique à tous les hommes autant qu'il est en elle ; de mesme que le Soleil se communique à tous par sa lumiere, mesme aux aueugles.*

Il se sert de cette mesme comparaison en vn autre lieu, où il entreprend de prouuer que l'homme sans grace est coupable, parceque Dieu la veut donner à tous. *Dieu, dit-il, autant qu'il est en luy, est prest de donner la grace à tous les hommes ; & ceux-là seuls sont priuez de la grace, qui s'opposent à la grace, & luy font empeschement ; de mesme que celuy qui dans vn plein Soleil est tombé en quelque precipice pour s'estre bouché les yeux, est coupable de ce malheur par son aueuglement volontaire.*

Et bien (dit-il ailleurs) *que la priuation de là grace considerée en elle-mesme, ne soit pas peché, si est-ce qu'elle peut auoir la nature de peché, à raison de la negligence qu'on apporte à se preparer à la grace.* Donc comme on ne peut se preparer à la reception de la grace habituelle, que par la grace actuelle, il faut que celuy qui manque de se preparer à la grace habituelle, reiette la grace ou le secours actuel, que Dieu donne, ou qu'il offre à tous, pour se preparer à la grace.

Le mesme Saint Thomas faisant ailleurs comparaison d'vn Pilote de nauire qui fait naufrage, auec Dieu qui est le Pilote de nostre salut, dit que *le naufrage ou la perte du vaisseau est attribuée au Pilote, comme cause de ce dommage, parcequ'il n'a pas fait ce qui estoit necessaire pour sauuer son vaisseau ; mais que Dieu ne manque pas de sa part, de donner ou de faire ce qui est necessaire à salut.* D'où vient qu'il n'est point responsable de nostre perte.

Si nous passons de la grace suffisante à la possibilité des preceptes, S. Thomas nous fera voir dans le liure du P. Nicolaï, qu'ils sont possibles à tous les hommes, & tellement possibles, ou si prochainement, que s'ils ne les obseruent pas, ce violement ne peut estre imputé qu'à leur negligence, parceque le pouuoir de les obseruer, ou d'impetrer les forces requises pour obseruer les prece-

ptes ne leur manque pas ; ou en tout cas ſi quelque precepte leur eſtoit impoſſible, ce qui arriueroit neceſſairement, ſi le pouuoir prochain de demander ou de faire leur
manquoit, pour lors ils n'y ſeroient pas obligez.

Nul d'entre les hommes (dit S. Thomas) *n'eſt obligé de faire
la choſe qui ſurpaſſe ſes forces, ſi ce n'eſt dans la maniere que
cette choſe luy eſt renduë poſſible;* d'où vient, dit-il, *que l'homme n'eſt obligé de croire les myſteres, qu'autant qu'il eſt aidé de
Dieu en cela;* Le meſme s'enſuit des preceptes. Donc il eſt
euident, que ſi Dieu ne donne pas à quelqu'vn par ſa grace le pouuoir prochain de demander ou de faire, cet homme pour lors eſt diſpenſé de l'obligation du precepte.

En tout precepte (dit-il ailleurs) *il y a deux choſes à conſi-
derer,* ſçauoir eſt la fin du precepte, & le pouuoir de l'obſeruer, *parceque tous les preceptes de quelque loy que ce ſoit,
ſont ordonnez à pratiquer quelque bien, ou à fuir & éuiter quelque mal; Si donc il ſe trouue quelque precepte de telle qualité,
dont l'obſeruance ne puiſſe eſtre renduë impoſſible en aucune
maniere, & que la fin pour laquelle il eſt donné, ne ſe puiſſe
pas obtenir autrement que par la pratique de ce precepte,
pour lors l'obligation de ce precepte eſt perpetuelle & demeure
touſiours;* Ce qui arriue dans les preceptes des actes des vertus,
*parcequ'au moins les actes interieurs des vertus ſont au pouuoir
de l'homme, & la vie ſpirituelle ne peut pas ſe conſeruer ſans
ces actes interieurs;* D'où il s'enſuit par vne raiſon oppo-
ſée & contraire ; que ſi le precepte eſt rendu impoſſible
par le manque de la grace, les actes interieurs de la vertu
ne ſont plus au pouuoir de l'homme, auquel cas ce precepte ne l'oblige nullement, puiſqu'il n'y eſt obligé
qu'entant que les actes interieurs preſcrits par ce precepte, ſont au pouuoir de l'homme.

Tellement qu'en retranchant ce pouuoir par le dény
de la grace, on retranche en meſme temps le deuoir &
l'obligation du precepte ; Ce qui luy fait dire autre part,
qu'on ne peut ſans blaſpheme auancer *que Dieu ſoit plus
cruel que l'homme ; Et comme ce ſeroit vne cruauté inſupportable à l'homme ou au Prince d'obliger par ſa loy, ou par*

*Et quodlibeto 2.
art. 6.*
Nullus tenetur ad
hoc quod eſt ſu-
pra vires ſuas, niſi
per modũ quo fit
ſibi poſſibile.

Tenetur homo
credere, ſecundũ
quod adiuuatur à
Deo ad credendũ.

*Quodlib. 7. art.
17. ad 3.*
In quolibet præ-
cepto duo ſunt cõ-
ſideranda, quia
omnia præcepta
cuiuſlibet legis
ordinata ſunt ad
aliquod bonũ in-
ducendum, vel ad
malum vitandum:
Si ergo tale ſit
præceptum quod
nullo modo im-
poſſibile reddi
poſſit ad obſeruã-
dum, & ſine illo
finis intentus ha-
beri non poſſit,
obligatio illius
præcepti ſemper
manet, ſicut eſt
in præceptis de
actibus virtutum,
quia ad minus
actus interiores
ſunt in hominis
poteſtate, & ſine
illis vita ſpiritua-
lis conſeruari non
poteſt.
*In 2. ſent. diſt. 28.
queſt. 1. art. 3. ſed
contr.*
Deus non eſt ma-
gis crudelis quàm
homo : ſed homi-
ni imputatur in
crudelitatem ſi o-
bliget aliquẽ p..

præceptum ad id quod implere non poteſt ; ergo hoc de Deo nullo modo eſt æſtimandū.

Quæſt. 24. de verit. art. 4. ad 1.
Illud quod præcipit Deus, non eſt impoſſibile homini ad ſeruandum, quia & ſubſtantiā actûs poteſt ex libero arbitrio ſeruare, & modum quo eleuatur ſuprà facultatē naturæ (pro vt ſcilicet fit ex charitate, poteſt ſeruare ex dono gratiæ, quamuis non ex ſolo libero arbitrio.

Ibid. ad 2.
Quod rectè homo corripitur qui præcepta non implet, quia ex eius negligentia eſt, quod gratiā non habet, qua poteſt obſeruare præcepta quo ad modum.
In 1.2. quæſt. 109. art. 4.
Præceptum non datur de impoſſibili, vnde Hieronymus dicit, Maledictus qui dicit Deum homini aliquid impoſſibile præcepiſſe.

ſon precepte, ſon ſuiet à vne choſe qu'il ne pourroit pas faire; à plus forte raiſon cela meſme ne ſe peut pas dire de Dieu en aucune maniere, & ne peut tomber dans la penſée d'vn eſprit bien reglé.

Il eſt donc vray dans la doctrine de S. Thomas, que Dieu ne nous peut iuſtement obliger à ſes preceptes, qui d'eux-meſmes nous ſont impoſſibles, s'il ne nous donne en meſme temps la grace, qui éleue nos forces, & nous les rend poſſibles. Et dans vn autre endroit, *ce que Dieu,* dit-il, *commande par ſes preceptes n'eſt pas impoſſible à garder à l'homme; Car il les peut garder quant à la ſubſtance de l'acte, par ſon libre arbitre,* comme de ieuſner en Çareſme, (quoy que deſtitué de la grace habituelle ;) *mais quant à la maniere ſelon laquelle le precepte ſurpaſſe les forces de noſtre nature, (ſçauoir entant que meritoire, ou operé par le motif de la charité,) il peut garder le precepte par le don de la grace, bien qu'il ne le puiſſe pas accomplir ſous ce regard, par les ſeules forces de ſon libre arbitre.*

Si donc le precepte n'eſt pas impoſſible à l'homme, ny quant à la ſubſtance de l'acte, ny quant à la maniere, il faut neceſſairement que Dieu donne la grace qui ſeule le rend poſſible quant à la maniere, puiſqu'autrement il ſeroit impoſſible à l'homme, ce qui eſt contre la doctrine que S. Thomas nous enſeigne.

C'eſt pour cela, dit-il en ſuite, *que celuy qui n'accomplit pas le precepte eſt iuſtement repris ; car s'il n'a pas la grace requiſe & neceſſaire pour garder le precepte, quant à la maniere de l'acte,* c'eſt à dire en charité, & par ſon motif, *cela ne procede que de ſa negligence.* Si donc, ſelon S. Thomas, l'homme n'eſt point negligent à la receuoir, ou s'il ne manque point à la grace, il aura en ſoy le pouuoir prochain, ou d'accomplir le precepte, ou de demander les forces requiſes & neceſſaires pour l'accomplir, puiſque Dieu ne nous manque iamais de ſa part.

C'eſt auſſi pour cette meſme raiſon que Saint Thomas par la bouche de Saint Hieroſme, *dit anatheme à celuy qui ſouſtient* auec Mr Arnauld, *que Dieu commande à l'homme des* _dés chofes impoßibles ;_ car n'eft-ce pas dire que Dieu commande au iufte des chofes impoffibles, que de dire que parfois il luy refufe la grace, fans le fecours de laquelle il eft impoffible à ce iufte d'accomplir le precepte, ou la chofe qui luy eft commandée, & mefme la grace de prier?

Mais ce qui eft tres-digne de remarque contre M.r Arnauld, eft, que la grace à laquelle parfois S. Thomas donne le nom _d'efficace_, (entant qu'en elle-mefme, & dans le plus profond de fon fein, elle a fa propre efficacité) cette grace, dis-ie, ne produit pas toufiours fon effet, à caufe de la refiftance de l'homme, fans neantmoins qu'il deperiffe aucune chofe à l'efficacité de cette mefme grace: Car fi la paffion de Iefus-Chrift, qui eft la fontaine des graces, & qui eft tres-efficace en elle-mefme, n'eft pas efficace à celuy qui la reiette ou la rebute par fa negligence; & fi d'ailleurs elle ne nous peut eftre appliquée que par la grace; qui doute que toute grace efficace en elle-mefme dans la doctrine de S. Thomas, ne l'eft pas toufiours à noftre égard?

Mais fuiuons cet Aigle des Docteurs, bien que _Dieu_, dit-il, _felon la raifon fecrette de fes profonds iugemens, permette parfois au Diable de deceuoir les hommes en de certains temps, & en de certains lieux ; fi eft-ce toutefois que par la paßion de Iefus-Chrift Dieu a preparé vn remede aux hommes, qui eft toufiours preft pour les defendre contre les malices des demons, mefme au temps de l'Antechrift ; Que s'il arriue que quelques-vns d'entre les hommes, negligent de fe feruir de ce remede, il ne deperit rien toutefois pour cela à l'efficacité de la Paßion de Iefus-Chrift._ Ce qu'il auance pour nous apprendre que bien que ce remede, ou cette grace, ne produife pas fon effet dans celuy qui la neglige, elle ne laiffe pas d'eftre tres-efficace en elle-mefme.

N'eft-ce pas pour cela qu'expliquant ces paroles de Iefus-Chrift dans Saint Iean, _Quiconque a efté inftruit par mon Pere vient à moy,_ S. Thomas obferue, que _ceux que Dieu auoit appellé, eftoient obligez de ne pas refifter à cette vocation interieure._ Il marque ailleurs, _qu'il eft au pouuoir de_

In 3. part. quæft. 49. art. 2. ad 3.
Deus permittit Diabolo poffe decipere homines certis temporibus & locis fecundùm occultâ rationem iudiciorû fuorum, femper tamen per Paffionem Chrifti eft paratum hominibus remedium fe tuendi contra nequitias dæmonum, etiam têpore Antichrifti : fed fi aliqui hoc remedío vti negligant, nihil deperit efficaciæ Paffionis Chrifti.

Quodlib. 2. art. 6. in illud Ioann. 6.
Omnis qui audiuit à Patre venit ad me.
Vocationi interiori tenebantur

*l'homme de ne point refifter à l'inftinct ou au mouuement in-
terieur, ny à la predication exterieure de la verité ;* comme
s'il vouloit dire que le Predicateur ne nous parle iamais
au dehors, que le S. Efprit en mefme temps ne nous parle
au dedans du cœur, par vne vocation interieure, à laquelle la plufpart des hommes refiftent.

La raifon qu'il en donne autre part, eft, que *tant & fi
long temps que l'homme demeure dans cette vie mortelle, la
liberté de noftre volonté eft telle, qu'elle peut fe flefchir ou fe
porter au bien ou au mal; de maniere que parfois elle reiette
loin de foy le fecours Diuin, par lequel, autant qu'il eft de fa
part, elle pourroit fe porter & s'appliquer au bien.* Certes ie
plains Mr Arnauld de le voir fi mal traité par S. Thomas,
fous les armes duquel il faifoit tant le brauache ; mais s'il
eft bien confeillé à l'auenir, il ne fe feruira plus du coû-
teau qui le bleffe, & n'appellera plus à fon aide, les plus
grands ennemis de fa nouuelle doctrine.

Voilà quelle eft la doctrine de S. Thomas, par laquelle
il nous enfeigne cinq veritez : La premiere, que la grace
ne manque à perfonne, & qu'elle fe répand fur tous les
hommes autant qu'il eft en elle : La feconde, que celuy
qui tombe fous la tentation, eft coupable de peché ; &
pourquoy ? parce, dit-il, que Dieu luy donne le pouuoir
d'y refifter : La troifiéme, que ceux-là feuls d'entre les
hommes font priuez de la grace, qui s'oppofent à la grace, & luy font empefchement : La quatriéme, que l'ob-
feruance des preceptes eftant impoffible fans la grace,
celuy-là n'eft point obligé au precepte, qui n'eft point
aidé ny fecouru de la grace requife & neceffaire pour
l'accomplir, ou pour demander le fecours neceffaire à
cet effet : La cinquiéme, que la grace efficace en elle-
mefme ne produit pas toufiours fon effet en nous, foit
par noftre negligence, foit par la refiftance que nous y
apportons, foit par le reiet que nous en faifons.

De maniere que pour eftre vray Thomifte ou Difciple
de S. Thomas fur la doctrine de la grace, il faut neceffairement tenir ce langage, & parler conformément à fes

maximes; puifqu'on ne peut eftre difciple d'vn maiftre,
fans fuiure les fentimens du maiftre, dont on fe dit le
difciple ou le fectateur. D'où nous inferons deux chofes:
La premiere, que tous ceux qui fe difent Thomiftes & ne
fuiuent pas ces maximes, ne peuuent eftre appellez Thomiftes ny Difciples de S. Thomas, quand mefme ils feroient de la famille de Saint Thomas : La feconde, que
d'eftre Ianfenifte, eft eftre l'ennemi formel, & coniuré
de S. Thomas, & des veritables Thomiftes.

Mais comme les eaux les plus proches de la fource font
toufiours les plus pures, fi nous confultons les plus anciens Thomiftes, tel qu'a efté le Pape Innocent V. nous
trouuerons qu'ils ont fuiuy cette doctrine; car ce Pape
faifant vne comparaifon entre Dieu à l'égard de fes feruiteurs, & l'homme à l'égard de fes domeftiques, *Il ne va
pas*, dit-il, *de Dieu comme de l'homme ; car le fecours de l'homme à l'égard de fes feruiteurs n'eft pas toufiours preft ; d'où vient
que ce Maiftre commanderoit tres-iniuftement à fes feruiteurs de
faire ce qu'ils ne pourroient pas faire fans fon fecours; mais le fecours de Dieu eft toufiours preft à fes feruiteurs.* D'où vient auffi
qu'il ne leur commande rien qui leur foit impoffible.

Il aioufte, que *Dieu nous auertit de nous conuertir à luy,
non pas que cela foit totalement en la puiffance de noftre nature confiderée en elle-mefme, mais bien entant qu'elle eft aidée
par la grace qu'il nous donne liberalement, & laquelle ne manque à perfonne.* Telle eft la doctrine de S. Thomas, & de
fes plus anciens Difciples. Que fi quelque curieux veut
eftre plus particulierement inftruit fur ce fuiet, & trouuer vn plus grand nombre de textes de S. Thomas & des
Thomiftes, qu'il confulte le docte efcrit du R. Pere Nicolaï Iacobin, l'vn des plus grands perfonnages de noftre
fiecle.

Voilà pour ce qui concerne la doctrine de S. Thomas
& des anciens Thomiftes : paffons maintenant aux Thomiftes qui ont traité cette matiere dans la celebre difpute
De Auxiliis, que Mr Arnauld a tant & tant de fois rapportée dans tous fes liures ; Car il met tout fon fort dans

*Innocent. V. in 2.
fentent. dift. 28.
quaeft.1.art.3.ad 2.*
Secus eft in Deo
& in homine, quia
fcilicet adiutoriũ
hominis non fem-
per eft paratũ fer-
uis fuis, & ideò
iniquè praeciperet
quod fine adiuto-
rio eius non pof-
fent facere, fed
adiutorium Dei
femper eft paratũ
feruis fuis.
*Et quaeft. 2. art. 4.
ad 1.*
Deus monet nos
ad eum conuerti,
non quia fit tota-
liter in poteftate
naturae fecundùm
fe, fed naturae per
gratiam gratìs da-
tam adiutae, quae
nulli deeft.

Didac. Aluar. disp. 71. de Auxiliis, num 2. Nullus Catholicus dubitare potest de diuisione gratiæ in sufficientem & efficacem. *Ibid. num. 3.* Secundùm Concilium Tridentinû, datur gratia sufficiens, quâ potest homo seruare omnia mandata diuina. *Disp. 112. num. 5.* Datur auxilium supernaturale intrinsecû necessarium ad implenda præcepta, & ab omnibus recipitur auxiliû illud, saltem pro loco & tempore quo præceptum obligat.... alioqui homo obligaretur ad impossibile.

Gonçales de Albelda, in 1. part. D. Th. disp. 77. sect. 3. num. 13. Instante occasione temporis, quo obligat præceptû naturale aut supernaturale, Deus de facto dat cuicumque viatori auxilium sufficiens proportionatum, intrinsecum & extrinsecum, vt possit si velit, tale præceptum adimplere, ita vt nullus excusari possit à transgressione præcepti ob defectum auxilij sufficientis.

Paul. Nazar. quæst. 23. 1. part. art. 3. controu. 2. Est auxilium sufficiens idem quod gratia excitans, quatenus in se cóprehendit non solùm externam illuminationem, quæ fit per scripturas, Doctores, & miracula, sed comprehendit etiam intellectus illuminationem, quæ fit à Deo, & motionem Dei supernaturalem receptam in voluntate.

cette dispute, lorsqu'il s'agit de toute autre chose que de cette question, mais quand il y va de comparer sa doctrine nouuelle à celle des Thomistes, il leur declare la guerre, comme a fait Iansenius, & comme il fait luy-mesme dans le liure que nous combatons en ce lieu.

Or, parcequ'il demeure d'accord que si l'vne des cinq propositions (par luy renouuellées) est détruite, toutes les autres sont détruites pareillement; il nous suffira d'entendre les Docteurs Thomistes sur la premiere des cinq Propositions, (que Mr Arnauld auoit renouuellée dans *sa seconde Lettre*) pour iuger de leur sentiment vniforme à l'égard de toutes les autres.

Aluarez nous asseure *qu'il n'y a point de Catholique qui puisse douter, que la grace ne se diuise en grace suffisante & grace efficace; Et selon le Concile de Trente, Dieu,* dit-il, *donne vne grace suffisante, par laquelle tout homme peut garder tous les preceptes diuins.*

Dieu donne vn aide surnaturel, interieur & necessaire pour accomplir les preceptes, & ce secours est donné à tous les hommes, au moins dans le lieu & le temps que le precepte les oblige.... car autrement Dieu obligeroit l'homme à l'impossible.

Gonzales de Albelda dit, *que dans l'occasion & dans le temps, auquel le precepte naturel ou surnaturel nous oblige, Dieu donne en effet à chaque homme en particulier sans exception, vne grace suffisante, proportionnée, interieure & exterieure, afin qu'il puisse s'il veut accomplir le precepte, en sorte qu'il ne peut pas s'excuser de la transgression du precepte par le manque ou par le defaut de la grace suffisante.*

Paul Nazarius dit, *que le secours suffisant est le mesme que la grace excitante, entant qu'il comprend en soy, non seulement l'illumination exterieure qui se fait par la voye des saintes Ecritures, des Docteurs, & des miracles, mais encore l'illumination de l'entendement que Dieu fait en nous, & la motion surnaturelle de Dieu qui se reçoit en la volonté.*

Et pour monstrer que tous peuuent estre sauuez, mesme les infideles, en gardant la loy de nature, *L'on croit, dit-il, pieusement que l'homme nourry & éleué dans les forests parmy les animaux, reçoit de Dieu vn certain secours, afin qu'il ne viole point le precepte de la nature, & qu'il le garde ; Car s'il obserue cette loy, & que suiuant ce que luy dicte sa raison naturelle, aidée & fortifiée par la grace, il se porte au bien & fuit le mal ; il faut croire certainement que Dieu par vne inspiration interieure luy reuelera les choses qu'il faut necessairement croire, ou qu'il luy enuoyera quelqu'vn pour l'enseigner ; de mesme qu'autrefois il enuoya Saint Pierre au Centenier. Si au contraire il méprise ce secours Diuin par quelque peché qu'il commet contre la loy naturelle, il se rend dés là indigne d'estre secouru d'vn aide plus releué, ainsi que S. Thomas l'enseigne ouuertement, discourant de la Verité, quest. 24. art. 11. ad 1. & 2. contra gentes, chap. 159.* C'est ainsi que ce Disciple de Saint Thomas explique la doctrine de son Maistre, que nous auons rapportée cy-dessus.

Cabezudo parlant des infideles qui n'ont iamais entendu parler de Iesus-Christ, dit, *que celuy d'entr'eux qui ayant l'vsage de raison, ne se conuertit pas, peche contre la loy de nature ; parce, dit-il, qu'il a vn principe interieur suffisant pour cette conuersion, ce que toutefois il n'a pas à l'égard de sa conuersion surnaturelle ; d'où vient aussi qu'il ne peche pas contre cette conuersion surnaturelle. Et dans vn autre lieu, l'homme, dit-il, est obligé de prier & de demander à Dieu vn secours efficace, afin qu'il garde tous les preceptes ; & pour lors quand il prie en effet, il reçoit à l'instant le secours efficace de prier ; ou s'il ne prie pas, il ne luy est pas imputé de ce qu'il n'a pas la grace efficace pour prier, mais on luy impute de ce qu'il ne prie pas, car pour lors le precepte ne l'oblige qu'à prier ; Et bien qu'il n'ait pas receu le secours efficace, il a toutefois receu vn secours suffisant, par lequel, à parler purement & simplement, il a pû prier.* Donc il auoit le pouuoir prochain de prier.

Ibid. controuers. 3.
Piè creditur Deū homini in syluis, vel inter bruta nūtrito auxiliūquoddam conferre, vꝛ naturæ legem non violet sed obseruet, nam si legem obseruet, & dictamen sequendo rationis naturalis diuino auxilio roboratæ bonum appetat, & malum fugiat, certissimè tenendū est, Deum illi vel per internā inspirationem reuelaturum ea quæ sunt ad credēdum necessaria, vel aliquem fidei prædicatorem ad eum missurū, sicut misit Petrum ad Corneliū Act. 10. Quod si datum sibi diuinitus auxiliū contemnat per peccatum contra naturæ legem commissum, hoc ipso incapax altioris redditur adiutorij, vt apertè docet S. Thom. de verit. quæst. 14. art. 11. ad 1. & 2. contra gentes cap. 159. *Tomo 2. ad quæst. 86. art. p. pag. 65. loquēs de barbaris.* Veniens ad vsum rationis peccat contra legem naturæ non se conuertendo, quia ad istam conuersionem habet principium intrinsecum sufficiens, quod tamen non habet ad conuersionem supernaturalem : Et idcircò contra talem conuersionem non peccat.

Et quæst. 2, de Auxiliis, pag. 87. Respondetur multoties teneri hominem ad orandum, & ad pe-

Ledesma que Mʳ Arnauld a cité dans son dernier *Apologetique*, soustient que *la grace suffisante interieure & necessaire pour euiter tout peché, est donnée à tous les hommes, dans le temps auquel ils pecheroient, s'ils n'euitoient le peché : Et que le secours necessaire & interieur pour accomplir les preceptes au temps qu'ils obligent, leur est pareillement donné: Cette verité*, dit-il, *est tres-certaine entre les Theologiens ; c'est ce qu'enseignent tous les Disciples de S. Thomas ; c'est aussi le sentiment exprés & formel de l'Ange de l'Ecole :* Et comme il dit en suite, *tout pecheur pour endurcy qu'il puisse estre à la grace suffisante & interieure pour accomplir les preceptes dans le temps qu'ils obligent ;* la raison qu'il en donne, est *qu'autrement il ne pecheroit pas quand il contreuient au precepte.*

Nauarrete dit, *que Dieu nous ayant donné la grace suffisante, si l'homme n'y resiste pas, Dieu par sa liberalité luy donne le secours efficace comme vn supplement actuel.*

Iean de S. Thomas enseigne, *que les adultes ont tousiours la grace suffisante pour accomplir les preceptes, ce qui est indubitable ; Car si cette grace manquoit à quelqu'vn, il ne pecheroit pas, selon S. Augustin, & ce seroit en vain qu'on auroit donné des preceptes.* Il aioûte ailleurs, *que le secours suffisant pour accomplir les preceptes n'est dénié à personne, dans le temps que le precepte nous oblige : D'où vient*, dit-il, *que Pharaon auoit la grace suffisante d'accomplir les Commandemens de Dieu,* parcequ'il estoit dans l'estat de les pouuoir accomplir. Qui aura la curiosité de voir tous ces Thomistes combatre de pied ferme les cinq Propositions censurées, & les condamner d'heresie, pourra consulter le petit ouurage que le R. P. Annat a fait sur ce suiet, il y a quelques années.

(Note marginale :) tendum auxilium efficax à Deo vt seruet omnia præcepta ; & tunc quando de facto orat, iam accipit auxiliũ efficax ad orandum ; si verò non orat, non imputatur ei quod non habet auxiliũ efficax ad orandũ, sed imputatur ei ipsum non orare, quia hoc ipsum est de quo habet præceptum, & licet non receperit auxilium efficax, recepit tamen auxilium sufficiens, per quod simpliciter loquendo potuit orare.

Petr. Ledesma de auxiliis art: 16.

Auxilium sufficiēs, intrinsecum, necessarium ad vitanda peccata, datur omnibus hominibus, pro tempore quo peccarent, si non vitarent peccata. Similiter datur auxilium necessariũ intrinsecũ ad implenda præcepta pro tempore quo obligant. Hoc dictum est certissimum inter Theologos, & illud docent omnes discipuli D. Thom.... videtur esse expressa mens D. Thomæ.

Ibid. Quilibet peccator quantumlibet induratus peccat non implendo præcepta, tempore quo obligant, ergo habet auxilium intrinsecũ sufficiens : Probatur consequentia, quia aliàs non peccaret.

Nauarr. tomo 2. controuers. ad quæst. 19. art. 8. controu. 19. Collato auxilio sufficienti, si homo non resistat, Deus ex sua liberalitate confert auxilium efficax, tanquam complementum actuale.

Tom. 2. in 1. part. D. Th. ad qu. 23. disp. 10. art. 3. num. 36. Pro præceptis adimplendis in adultis semper dari sufficiens auxilium. Et hoc constat, quia si hoc deesset, non peccaret homo, vt dicit Augustin. & sic frustrà essent præcepta.

Et num. 43. Auxilium verò sufficiens ad implenda præcepta non denegatur alicui currente seu stante præcepto. Vnde Pharaoni concessum est auxilium sufficiens ad implenda præcepta Dei, quia erat in statu possibilitatis adimplendi illa.

Il paroiſt par tous ces Thomiſtes, que la premiere des cinq Propoſitions a eſté dans leurs principes, tres-iuſtement condamnée d'hereſie, en la perſonne de Ianſenius, & de Mr Arnauld ; & que ces celebres Thomiſtes qui admettent vne grace *ſuffiſante* & vne grace *efficace*, tirent de cette doctrine des conſequences directement oppoſées aux conſequences de Mr Arnauld, puiſque ces Docteurs condamnent ouuertement les erreurs de noſtre Sophiſte.

Quant aux Thomiſtes qu'il a alleguez pour defendre ſon erreur, le Cardinal Caietan eſt celuy ſur lequel il s'eſt appuyé dauantage ; mais il n'a pas rapporté ce que ce Scolaſtique a dit ſur l'vne des Epiſtres de S. Paul, expliquant ces paroles, *afin que vous puiſſiez ſupporter : l'Apoſtre n'a pas dit* (remarque Caietan) *afin que vous ſupportiez ; car Dieu pouruoit aux euenemens futurs, afin que nous puiſſions ſupporter les tentations ; mais il eſt en la liberté de ceux qui ſont tentez de les vouloir ſupporter. Car il ſuffit que Dieu nous donne le pouuoir de les ſupporter,* (c'eſt à dire de n'y pas ſuccomber) *mais de vouloir les ſupporter & les ſupporter en effet, c'eſt ce qui appartient à vne autre grace,* (ſçauoir eſt à l'efficace) *laquelle eſt donnée aux Eſleus, & n'eſt pas commune à tous.* D'où il reſulte que ſelon Caietan, celuy qui peche a le pouuoir prochain de ne pas pecher, & de reſiſter à la tentation, dans le temps meſme qu'il peche ; & que la grace ſuffiſante eſt donnée à tous, & non pas la grace efficace.

Il cite la Cenſure des Docteurs de Louuain & de Doüay, mais le R. Pere Annat Confeſſeur du Roy, a fait voir dans ſa docte *Réponſe à la ſeconde Lettre de Monſieur Arnauld,* que cet Auteur eſt pitoyable dans ſes citations, qui preſque ſont toutes fauſſes ou à contre-ſens, & qu'il n'en peut tirer aucun auantage, ſoit parceque ces cenſures ne diſent point que le peché ſoit vrayement vn peché, ſi celuy qui le commet ne l'a pû euiter par le manque de la grace ; ſoit parceque ces cenſures ayant eſté ſuſpenduës par l'ordre de Sixte V. il n'eſt pas permis de s'en ſeruir ; ſoit parceque les Docteurs de Doüay ont eſté les plus

Caietan. in 1. *ad Corinth. cap.* 10. *verſ.* 13.
Et dixit *vt poſſitis ſufferre,* & non dixit *vt ſufferatis.* Deus enim prouidet de euentibus futuris ad poſſe ſufferre tentationes, in arbitrio autem tentatorum eſt velle ſufferre ; ſat eſt enim volütati diuinæ vt tribuat poſſe ſufferre ; velle autem ſufferre, & ipſum ſufferre, alterius gratiæ eſt, quæ electis confertur, & non eſt omnibus communis.

oppofez à la doctrine de Ianfenius ; & que depuis la cenfure de Louuain iufques au temps de Ianfenius, la doctrine contraire à celle de ce Nouateur & de Mr Arnauld, a toufiours efté enfeignée dans l'Vniuerfité de Louuain, iufques-là mefme qu'vn des plus celebres d'entre fes Docteurs a qualifié la doctrine que fouftient Mr Arnauld, *doctrine de l'Antechrift.*

Quant au texte d'Eftius, allegué par Mr Arnauld, il ne luy eft pas fauorable ; Car dans ce paffage où il eft parlé de plufieurs poffibilitez, Mr Arnauld ne dit pas que ce Chancelier de Doüay reconnoift *qu'il y a vne poffibilité en l'homme d'accomplir les preceptes, par laquelle il eft dit pouuoir par de certaines excitations interieures* (ce font des graces excitantes) *par lefquelles toutefois il ne fe fait pas encore en l'homme qu'il veuille, ou qu'il commence de vouloir. La raifon, dit-il, en eft manifefte, parceque cette poffibilité pouuant eftre feparée de fon acte, elle eft & confifte fans le commencement de la bonne volonté & de la iuftice, fans lequel toutefois la grace, qui eft proprement appellée grace de Iefus-Chrift, ne peut eftre ou confifter, ainfi que S. Auguftin l'enfeigne.*

Or, *la grace de Iefus-Chrift,* felon S. Auguftin, *eft celle par laquelle nous fommes Chreftiens,* ainfi que le rapporte Eftius ; Donc fi fans eftre Chreftien on a par des graces excitantes le pouuoir d'obferuer les preceptes felon Eftius, à plus forte raifon les fideles ont le pouuoir de les obferuer par vne grace excitante, qui appartient à Iefus-Chrift, quoy qu'elle demeure feparée de fon effet en celuy qui ne les garde pas.

Mais ie m'étonne comment Mr Arnauld a ofé, contre fa propre confcience, alleguer Eftius pour defendre fa propofition heretique, dans laquelle il nous vouloit monftrer, que le precepte eft parfois impoffible à l'homme iufte ; parce qu'Eftius détruit manifeftement le feul & vnique fondement, fur lequel Ianfenius pretendoit eftablir la diftinction de la grace de l'homme auant le peché, d'auec la grace de l'homme aprés le peché, d'où il tiroit toutes fes fauffes confequences ; puifque ce fondement

dement renuersé, toute la doctrine de Ianfenius & de Mr Arnauld fe trouue accablée dans fes propres ruines; car ce Chancelier de Doüay faifant reflexion fur l'*Adiutorium quo*, dont Ianfenius a fait le fond & le fort de fa doctrine, dit que *ce que S. Auguftin a écrit obfcurement & fans l'autorité de l'Ecriture, de la grace du premier homme, & des Anges &c. ne doit pas preiudicier à la doctrine plus expreffe des autres Docteurs, & particulierement de S. Thomas.*

Quant à Cumel cité par Mr Arnauld, il reconnoift dans ce mefme texte vne *grace fuffifante*, qui donne le pouuoir, mais non pas vn pouuoir immediat ioint à l'effet, car il le referue à la *grace efficace*. Mais voyons fi les autres textes qu'il fupprime de cet Auteur, ne condamnent pas ouuertement les erreurs de noftre Sophifte. *Il eft certain,* dit Cumel, *que Dieu a eu vne volonté generale à l'égard de tous les hommes, de leur donner des aides, ou des moyens fuffifans de les fauuer : Et cette propofition eft de telle certitude, qu'on ne peut pas la nier fans preiudicier à la foy, & fans faire vne grande iniure à la redemption de Iefus-Chrift.*

Perfonne (dit-il autre part) *ne peut eftre excufé de peché, fous pretexte que le fecours de Dieu luy a manqué, pretendant chercher vne excufe à la faute qu'il a commife fur le manque ou fur le defaut de la grace, ou des fecours diuins.* D'où il s'enfuit qu'on ne peut dire auec Mr Arnauld, que Saint Pierre a peché, *parceque la grace, fans laquelle on ne peut rien, luy a manqué.*

Dieu (dit ce mefme Thomifte) *confere à tous les hommes autant qu'il eft en luy, les fecours fuffifans pour éuiter tous les pechez, & eft preft d'en conferer de plus puiffans à celuy qui aura coopcré aux precedens. Ie dis donc* (conclud-il) *que Dieu donne toufiours le fecours fuffifant & neceffaire, & qu'il eft preft de donner le fecours efficace & concomitant, pourueu que l'homme ne luy refifte point, ou ne le reiette pas :* D'où il infere que Dieu eftant preft de donner ces fecours & ces aides, fi l'homme par fa faute ne les reiette point, l'homme aura les fecours par lefquels en effet il accomplira les preceptes, & éuitera les pechez.

G

Eft. lib. fent. dift. 42. §. 14.

Refpondebimus ea quæ de adiutorio primi hominis & Angelorum, obfcuriùs & extra fcripturæ authoritatem ab eo difputata funt, &c. non debere præiudicare doctrinæ quæ apud alios ipfúmque D. Th. &c. expreffior reperitur. *Franc. Cumel in 1. 2. ad q. 109. art. 8. dub. 3. propofit. 1.* Certum eft Deum habuiffe vniuerfalem voluntatem circa omnes homines, dandi eis media fufficientia côtra peccatũ, &c.

Hæc propofitio ita certa eft vt non poffit negari fine præiudicio fidei, & fine magna iniuriaredemptionis Chrifti.

Et propofit. 3.

Nemo poteft excufari à peccato ex defectu Dei auxiliantis, prætendens excufationem à culpa commiffa ex defectu diuinorum auxiliorum.

Et ad 1. argum.

Deus (quantum eft in fe) omnibus confert auxilium fufficiens vt vitent omnia peccata, fed cum ordine quodam, &c. paratus maiora conferre ei qui prioribus cooperatus fuerit.

Dico ergo quòd semper Deus cóstert sufficiens auxilium & necessarium, & paratus est dare auxilium efficax & concomitans, nisi homo resistat aut contradicat.

Ibid. dub. 4. proposit. 1.

Deus neminem obligat ad impossibile, & oppositu diceret blasphemum, & pugnat cum lumine naturali.

Et proposit. 2.

Nam dato opposito, Deus non sufficienter prouidisset hominibus, eos obligando, & nullas præstando vires, nec auxilia sufficientia; Et sic rediret Lutheri hæresis, quòd Deus per suam legem obligauit homines ad impossibile.

Et proposit. 3.

Semper Deus paratus est auxiliari, & de facto auxiliatur quátum necesse est, vt possit homo vitare peccatum; neque est credendum de diuina pietate, quòd alicui deneget auxilium sufficiens ad salutem.

Et ad quæst. 111. art. 3. disp. 1. prop. 3.

Hæretici dicunt sufficientem gra-

Car (dit-il ailleurs) *Dieu n'oblige personne à l'impossible, & soustenir le contraire est vn blaspheme, & vne chose qui combat la lumiere naturelle de la raison. Et supposé* (dit-il en suite) *que Dieu n'eust pas pourueu les hommes de moyens suffisans pour garder les preceptes, & qu'il les y eust obligez sans leur donner les forces & les secours suffisans, ce seroit ressusciter l'heresie de Luther, par laquelle il a soustenu que Dieu par sa loy a obligé les hommes à l'impossible.*

Et dans vn autre endroit, *Dieu,* dit-il, *est tousiours prest d'aider les hommes, & par effet il les aide autant qu'il est necessaire, afin qu'ils puissent euiter les pechez; Et c'est faire vne grande iniustice à la bonté de Dieu de croire qu'il dénie à quelqu'vn les secours suffisans à salut.*

Mais voicy comme il traite la doctrine de Iansenius & de Mr Arnauld: *Les heretiques,* dit-il, *pretendent que la grace suffisante n'est autre que la predication de l'Euangile & la vocation exterieure; Et que la grace efficace est vne motion interieure, par laquelle Dieu necessite la volonté, afin qu'elle fasse ce qu'il veut, & sans laquelle motion ils disent que personne ne peut consentir: mais cette doctrine est veritablement heretique, parcequ'il n'y a point de grace efficace qui détruise la liberté.* Iugez si Mr Arnauld auoit raison de citer pour sa defense, vn Auteur qui le declare tant de fois heretique.

Pour ce qui concerne Ledesma, nous auons veu cy-dessus qu'il condamne Mr Arnauld. Et quant à ceux, dont parle ce Thomiste dans l'Apologetique de Mr Arnauld, ce sont des personnes obscures & sans nom, dont il explique hypothetiquement ou sous condition, les opinions particulieres. Il est donc euident que les Thomistes que Mr Arnauld n'a point alleguez le condamnent, & que ceux qu'il auoit appellez à son aide ne se contentent pas de l'abandonner, & de luy refuser toute protection contre les censures qui l'accablent de toutes parts: Mais qui pis est, ils le renuersent par terre, & le traitent en heretique.

Ie sçay bien que si vous pressez ce Nouateur de vous rendre raison des fausses maximes qu'il auance en matiere de foy, il vous dira [a] *qu'il fait profeßion depuis vn long temps de ne produire en public que ce qu'il a appris des Saints Peres, & de la tradition de l'Eglise.* Mais si vous l'obligez de vous lire ses maximes dans les Saints Peres, il leur tourne le dos pour vous conduire dans l'estude de quelque Scolastique enseuely dans la poudre; encore s'il reüssissoit en ce dessein; mais se voyant abandonné des vns & des autres, il est à craindre qu'enfin il ne se propose soy-mesme pour regle de la doctrine des Peres & de la tradition de l'Eglise, comme ont fait autrefois les heretiques dans S. Irenée.

Voyons maintenant par les propres paroles de ce Sophiste tirées du grand liure que nous examinons, & qu'il n'auoit composé que pour donner matiere à ses Partisans, de pouuoir soustenir sa proposition heretique dans l'Assemblée de Sorbonne, ou du moins pour leur donner suiet d'occuper vn long temps l'Audience, pour lasser la patience des Docteurs, & détourner ou éluder la censure; Voyons, dis-ie, si en suite de la *seule grace efficace par elle-mesme*; dans le sens particulier que les Ianfenistes luy donnent (qui est celuy là mesme que Ianfenius a donné à son *Adiutorium quo*, duquel il auoit tiré comme des consequences infaillibles, à ce qu'il pretendoit, les cinq Propositions que le Pape a censurées) ils ne rétablissent pas ces mesmes Propositions, que M.r Arnauld nous auoit dit estre *heretiques*, & declaré *qu'il ne les soustiendroit iamais sous pretexte de quelque sens que ce fust.* Or il n'est rien de si facile à prouuer, car nous n'auons qu'à transcrire leurs paroles.

PREMIERE PROPOSITION RENOVVELLE'E.

SVPPOSE', *disent-ils, que la grace necessaire à toutes les actions de pieté soit efficace par elle-mesme, & qu'elle donne le pouuoir prochain de les faire, comme nous l'auons monstré, premierement il s'enfuit de cette doctrine, qu'il y a quelquefois quelques iustes, comme S. Pierre, qui n'ayant qu'vne volonté foible de faire quelques commandemens, tel qu'est celuy de*

tiam esse prædicationem Euangelij & externam vocationem; efficacem verò esse motionem internam, qua Deus voluntati necessitatem infert, vt faciat quod ipse vult, sine qua motione nullum dicunt posse consentire, sed hoc profectò est hæreticum, quoniam nulla datur gratia efficax quæ tollat libertatem.

[a] *Seconde Lettre de Monsieur Arnauld, pag. 6.*

Défense de la Constit. pag. 271.

ſouffrir pluſtoſt la mort que de renoncer à Ieſus-Chriſt, n'ont pas alors, ſelon les forces preſentes où ils ſe trouuent, le pouuoir prochain de les faire, & que la grace qui donne la force & la pleine volonté, & le pouuoir prochain, qui eſt efficace par elle-meſme, ne leur eſt pas donnée. Cette doctrine (aiouſtent-ils) eſt tres-Catholique, & eſt purement de S. Auguſtin ; c'eſt ce que les Diſciples de Saint Auguſtin ont dit, & tout ce qu'ils ont ſouſtenu en France & à Rome.

Il eſt vray que ie ne puis pas aſſez admirer cette modeſtie Ianſeniſte, qui dans le temps qu'elle eſtoit ſur la ſellette, pour répondre deuant ſes iuges, & ſe defendre d'vne propoſition heretique dont elle eſtoit accuſée, en preſentoit quatre autres en meſme temps de cette qualité, pour s'excuſer de ſa premiere faute. Mais ſans examiner plus à fond leur grande preudhomie & leur ſage conduite, ie réponds deux choſes ſur le ſuiet de leur principe.

La premiere eſt, que leur propoſition priſe dans le ſens qu'ils expliquent le ſecours actuel, ou la ſeule grace de Ieſus-Chriſt, qu'ils diſent eſtre tellement *efficace*, qu'on ne la reiette iamais, qu'elle ſeule donne le pouuoir prochain, & qu'elle exclud toute grace que la Theologie appelle *ſuffiſante*, entant qu'elle eſt priuée de ſon effect par le refus & le reiect de la volonté, eſt vne propoſition *heretique* dans l'vne & l'autre Ecole des Docteurs Catholiques.

La ſeconde eſt, qu'il eſt faux que les Ianſeniſtes n'ayent iamais ſouſtenu cette propoſition en France & à Rome, qu'aux termes qu'ils nous la repreſentent à preſent ; puiſqu'en France Mr Arnauld nous a dit dans ſa troiſiéme *Apologie , Que Monſieur l'Eueſque d'Ypre a repreſenté dans ſon excellent Ouurage, les ſentimens de S. Auguſtin touchant la grace, &c. Que ce grand perſonnage émeu d'vn ſaint Zele de voir tout le myſtere & toute l'œconomie de la grace, qui eſt le cœur de noſtre Religion , couuert en ces derniers temps de tenebres ſi époiſſes , par la hardieſſe preſomptueuſe de cette ieune Theologie, qui inuente tous les iours des opinions nouuelles dans la ſcience de Dieu, &c. Ce grand Perſonnage, dis-ie, a*

Apolog. pour les Saints Peres Pref. pag. 2.

creu ne pouuoir faire autre chose pour débrouiller tout ce cahos, *pag. 11.*
que de representer auec vne entiere fidelité la doctrine celeste de
S. Augustin touchant la grace. On y void les principes d'où se
forment les conclusions, & les conclusions tirées des principes,
on y void des maximes enchaisnées les vnes auec les autres,
qui doiuent necessairement subsister toutes ensemble, ou estre
renuersées toutes ensemble.

Il aiouste, qu'on s'estoit ioüé iusques alors de la credulité *pag. 12.*
des simples, en publiant que la doctrine de Monsieur l'Euesque
d'Ypre estoit differente de celle de S. Augustin. Or nous ne
voyons pas que Mr Arnauld & ses Pattisans ayent encore condamné la doctrine de Iansenius, & les cinq Propositions au sens de cet Auteur, condamnées par le Pape,
& par les Euesques de France, puisqu'au contraire il l'a
defenduë dans sa *seconde Lettre* en tant de lieux, ainsi que
nous l'auons remarqué dans nostre *Réponse à cette seconde
Lettre.* D'où il s'ensuit de deux choses l'vne, ou qu'il est
faux que ce soit là tout ce que les Iansenistes ont dit, &
tout ce qu'ils ont soustenu & en France & à Rome; ou
qu'il est vray qu'ils ont soustenu & qu'ils soustiennent encore la doctrine, & les cinq Propositions de Iansenius,
au mesme sens de cet Auteur.

Poursuiuons ce qu'ils disent au suiet de la premiere *Defense de la*
Proposition ; *s'il est question de la grace,* disent-ils, *il est* *Constitut. p. 271.*
pareillement certain qu'il y a des iustes qui quelquefois n'ont
pas la grace necessaire pour prier autant qu'il faut & pour per-
seuerer dans la priere, puisque comme nous supposons, la grace
pour prier salutairement est efficace par elle-mesme, & que dire
le contraire, est tomber dans l'erreur des Semipelagiens.

D'où il s'ensuit, selon cette doctrine, que le iuste qui
tombe & qui peche, ne peche & ne tombe que parceque
Dieu luy refuse en cet estat la grace de prier ; ce qui est
vn blaspheme condamné par le sacré Concile de Trente, *Trident. sess. 6.*
quand il dit auec S. Augustin, que *Dieu n'abandonne iamais* *cap. 11.*
le iuste, si le iuste ne l'abandonne premierement. Mais ces Deus sua gratia
Messieurs se mettent peu en peine d'accuser ainsi les Pe- semel iustificatos
res de ce Concile, & de les rendre coupables de l'erreur non deserit, nisi ab
eis prius dese...
tur.

G iij

des Semipelagiens, car ils sont si elegans, & toutes choses leur siesent si bien, que ce sera desormais estre à la
mode, que d'estre Protestant à la Ianseniste.

SECONDE PROPOSITION RENOVVELLE'E.

pag. 272.

ILs passent à la seconde Proposition ; car *supposé*, disent-
ils, *cette mesme doctrine, que la grace necessaire à tous les
mouuemens & à toutes les actions de pieté soit efficace par elle-
mesme, & qu'elle donne le pouuoir prochain de les faire, il n'y
a aucune difficulté à la doctrine qu'on a soustenuë & que l'on sou-
tient, touchant la resistance à la grace ; parceque l'on n'a soustenu,
& que l'on ne soustient encore rien autre chose, sinon que l'on ne
resiste iamais à la grace actuelle de Iesus-Christ, &c. quant à
l'effet prochain, pour lequel Dieu la donne, ou plustost qu'on ne la
reiette iamais, c'est à dire qu'elle a tousiours son effet prochain.*

Mais ie leur réponds, que cette Proposition, qui ne
reconnoist pour toute grace actuelle de Iesus-Christ que
la seule grace efficace par elle-mesme, au sens qu'ils l'expliquent, qui est d'exclure toute grace, dont l'effet est em-
pesché par la resistance de la volonté, est vne proposition
heretique dans l'vne & l'autre Echole des Docteurs Catholiques.

Ils aioustent, *Ainsi donc l'on ne peut pas imputer au Pape
d'auoir étably comme vn dogme de foy, que l'on resiste de telle
sorte à la grace interieure, que quelquefois elle est priuée de
l'effet, pour lequel elle donne vne puissance prochaine & accom-
plie, &c. Ce qu'il n'auroit pû faire sans condamner le sentiment vniuersel de toute l'Eglise.*

En vn mot, ces Messieurs veulent dire que le Pape en
condamnant la proposition qui dit, *qu'on ne resiste iamais
à la grace interieure*, n'a rien condamné, ou qu'il a *condamné
le sentiment vniuersel de l'Eglise ;* (Car c'est ainsi que ces
nouueaux heretiques ont trouué l'artifice de defendre
fortement & inuinciblement les Decrets du S. Siege)
puisque selon leurs principes toute grace actuelle de Iesus-Christ soit parfaite ou imparfaite, *est efficace par elle-
mesme*, & qu'elle produit tousiours l'effet pour lequel

Dieu la donne, soit dans le commencement de la bonne
volonté qu'ils appellent grace imparfaite ; soit dans l'a-
ction de pieté, qu'ils appellent grace parfaite ; Et puis il
sera permis à leur simplicité reformée, d'intituler leur
Ouurage calomnieux & iniurieux au Pape, & aux Euefques de France de ce titre specieux, *La Defense de la Constitution du Pape Innocent X.* Certes l'heresie des siecles
passez ne vid iamais vne semblable effronterie.

TROISIESME PROPOSITION RENOVVELLE'E.

SI *la grace efficace*, disent-ils, c'est à dire la seule grace   *pag. 275. & 277.*
efficace, *donne le pouuoir prochain, comme nous l'auons
monstré, nostre sentiment* (touchant cette troisiéme Proposition) *est tres-Catholique ;* d'où il s'ensuit que le Pape
a condamné *vn sentiment tres-Catholique,* quand il a condamné d'heresie cette Proposition, qui dit, que *pour meri-
ter & demeriter dans l'estat de la nature décheuë, il n'est pas
requis en l'homme vne liberté qui l'exempte de la necessité, mais
la liberté qui l'exempte de la contrainte suffit.*

Et quand ils aiouftent, que *la volonté meuë par la grace
conserue tousiours vn pouuoir de mutabilité, puisque la conuoi-
tise ou l'inclination au mal nous demeure auec cette grace si
forte & si puissante qu'elle soit ;* que font-ils autre chose, sinon de renouueller ce qu'a dit Iansenius cent & cent fois,
& ce qu'ils ont dit eux-mesmes dans leurs liures auant
qu'ils eussent esté condamnez ?

QVATRIESME ET CINQVIESME PROPOSITIONS
RENOVVELLE'ES.

VOicy ce qu'ils en disent, *La quatriéme & cinquiéme*   *pag. 278.*
*Proposition regardent l'erreur des Semipelagiens : Or
touchant cette erreur, l'on a soustenu, & l'on soustient encore
que l'on ne soustient rien autre chose, sinon que dans la doctrine
de S. Augustin, la vraye grace de Iesus-Christ, necessaire à
toutes les actions de pieté & parfaites & imparfaites, est la grace efficace par elle-mesme, &c. Et qu'ainsi les Semipelagiens
ont erré en ce qu'ils ont nié la necessité de cette grace (efficace*

par elle-mefme) pour le commencement de la bonne volonté,
& pour les actions imparfaites de pieté, &c. Il s'enfuit encore
que c'eft vne erreur des Semipelagiens, de dire que Iefus-Chrift
foit mort pour tous les hommes fans en excepter aucun.

C'eft ainfi que Mr Arnauld & les Docteurs du Port-
Royal ont entrepris de defendre la Conftitution d'Innocent X. Ce font là les armes qu'ils ont employées pour
s'oppofer à tous ceux qui feroient capables de l'impu-
gner, ou de luy refufer le refpect qui luy eft deu ; comme
fi le feul & l'inuincible moyen de defendre cette Bulle
eftoit de la mettre en pieces, & la fouler aux pieds à la
veuë de toute l'Eglife. Car n'eft-ce pas la déchirer & l'ex-
pofer au dernier mépris, que de renouueller comme ils
ont fait par vne hardieffe digne de chaftiment, dans leur
dernier Ouurage que nous combatons par ce petit écrit,
toute la doctrine de Ianfenius, & les cinq Propofitions
que le Pape a condamnées d'herefie, & nous prefenter
des erreurs foudroyées, pour des fentimens Catholiques.

Voilà le baifer de paix que les Docteurs du Port-
Royal donnent au fucceffeur de S. Pierre, femblable à
celuy de Iudas, par la fincere profeffion qu'ils nous ont
faite tant de fois dans les deux *Lettres* de Mr Arnauld, de
fe foûmettre pleinement au S. Siege. Mais que font les
carreffes de ces Meffieurs, finon des carreffes étouffan-
tes? Que font leurs eloges emperlez, finon des loüanges
meurtrieres & des titres diffamans, femblables aux éclats
de la foudre qui noirciffent tout ce qu'ils touchent?

Certes fi leur maniere ordinaire d'agir en femblable
rencontre, ne nous auoit accouftumé à leur nouueau procedé, qui eft de détruire dans le corps de leurs liures, ce
qu'ils femblent vouloir établir dans le titre qu'ils leur
donnent, nous ferions obligez (comme il a efté dit) d'appeller icy à témoin le liure *De la frequente Communion*, celuy *De la grandeur de l'Eglife Romaine*, & tant d'autres qu'ils
ont faits fur le modele de leur original, ie veux dire en
imitant leur Patriarche Ianfenius, qui fous le nom fimulé
du grand S. Auguftin, auoit entrepris de détruire la do-
&ctrine

œtrine Catholique de ce Pere, ainſi qu'on le peut voir dans nos *Regles de S. Auguſtin*, qui ſont à preſent en lumiere.

Mais plus ie conſidere le procedé iournalier de ces Meſſieurs, plus i'admire la prudence charnelle de leurs deux Chefs (Ianſenius & S. Cyran) de leur auoir laiſſé pour leur conduite, des regles plus rafinées & plus deli-cates incomparablement, que n'ont iamais eſté les adreſ-ſes & les ruſes de tous les heretiques qui ont paru dans l'Egliſe, quand meſme elles auroient eſté ralliées toutes enſemble, digerées & conſômées pour en faire vn preſſis.

Ie ne parle point de ce qu'ils diſent dans leur der-nier Ouurage & à mauuaiſe intention, de l'autorité des écrits de S. Auguſtin ; Car ils ne ſont proprement que copier lés liures qu'ils ont donné tant de fois au public ſous des titres differens, comme des mauuais Cuiſiniers qui dans vn celebre feſtin, ne donneroient iamais qu'vne ſeule & meſme viande variée en cent mets differens, ou comme vn Acteur de Theatre, qui ſous des habits diffe-rens, repreſenteroit ſucceſſiuement tous les perſonnages d'vne Comedie ; parceque dans *les Regles de S. Auguſtin*, i'ay demonſtré ſuffiſamment le moyen aſſeuré & infail-lible, pour iuger & diſcerner nettement ce qui dans les écrits de ce Pere, ſur les matieres de la grace, eſt dogma-tique, ou doctrine de l'Egliſe, & ce qui ne l'eſt pas.

Mais ſi quelque choſe auoit eſté capable de leur part, de nous gagner le cœur, de nous deſarmer, & nous cauſer des larmes de tendreſſe & de ioye dans le temps que les Docteurs de la Faculté eſtoient aſſemblez en Sor-bonne pour cenſurer leurs erreurs ; ç'eſtoit de voir que le Chef à preſent de ce Party faiſoit mine de demander mi-ſericorde, à l'imitation des heretiques, qui ne s'humilient en apparence que pour eſleuer plus glorieuſement leurs erreurs. Aprés tout, le meilleur moyen de l'obtenir de l'Aſſemblée, eſtoit qu'il commençaſt le premier, & qu'il ſe fiſt à ſoy-meſme la miſericorde qu'il demandoit au Pape, aux Eueſques, & aux Docteurs ; ce qu'il pouuoit faire facilement, tant par la condamnation de la doctrine

H

de Ianfenius, & des cinq Propofitions cenfurées *au fens de cet Auteur*, ainfi que parlent les Euefques de France, que par la retractation & la condamnation ingenuë des erreurs dont il eftoit accufé.

C'eftoit là la feule voye pour reünir les efprits diuifez, & i'oferois auancer que tout autre accommodement fur vne femblable matiere, c'eft à dire entre l'erreur & la foy, eftoit au rang des impoffibles; car comme la verité Diuine eft la regle, au pied de laquelle il faut rapporter toutes les chofes que nous deuons croire dans l'Eglife, il n'eft pas poffible d'accommoder ou d'aiufter cette regle, ny à la fauffeté, ny à l'erreur, fans courber cette regle & luy ofter fa rectitude, qui ne luy eft pas moins effentielle, que la parfaite rondeur eft effentielle au Cercle, du centre duquel toutes les lignes portées à la circonference font égales entre elles.

Delà vient qu'il n'eft pas en la puiffance des hommes de trouuer dans les chofes de la foy, quelque milieu conuenable ou legitime auec ceux qui la combattent, fans fe rendre en mefme temps ennemis des veritez Diuines, & leur declarer vne guerre ouuerte, fous le pretexte d'vn faux accord & d'vne paix fimulée, qui diuife au lieu de reünir, & qui crie, *Paix, Paix, où il n'y a point de Paix.*

C'eft auffi ce que tous les heretiques ont toufiours demandé, lors qu'ils fe font veus pourfuiuis de trop prés, imitant en cela la fauffe Mere de cet Enfant dans l'hiftoire de Salomon, qui paffionnée en apparence de l'amour de fon fruit qu'elle difoit eftre cet Enfant, témoignoit ne pouuoir appaifer fes cris & fes larmes autremeht, que par le partage inhumain, & par le cruel demembrement des parties de ce petit corps.

Car lors que les Nouateurs nous demandent la paix auec empreffement, & qu'ils nous propofent fous le voile tranfparent d'vne vnion fimulée, ou d'vne feinte charité, des voyes d'accord en matiere de foy, ils ne cherchent à vray dire, qu'à eftablir plus fortement leur erreur, & à diuifer la foy ou la verité Diuine, qui nous doit eftre mille fois plus chere que la vie.

SECTION II.

Seconde Confideration fur la Retraite des Docteurs Ianfeniftes.

L faut auouër franchement, que ce qui trancha tout d'vn coup les racines de l'efperance qu'on auoit que M⁺ Arnauld, qui fembloit tous les iours faire quelque démarche pour s'approcher de la verité, par les écrits frequens qu'il adreffoit aux Docteurs de l'Affemblée de Sorbonne, & par les Propofitions d'accord qu'il luy faifoit faire par quelques-vns de fes amis, reconnoiftroit enfin fon erreur & la retracteroit, fut l'iniufte procedé, dont il s'auifa dans la mauuaife conduite qu'il infpira aux Docteurs partifans de fon erreur.

Car cette grande Affeblée ayant arrefté que les Docteurs dans leur opinion, n'employeroient qu'vne demie-heure à parler, pour empefcher que ceux qui n'aiment que le trouble, n'occupaffent tant de temps dans leur auis, qu'ils ne rendiffent la decifion de cette affaire comme impoffible, par la rencontre des chofes impreueuës qui furuiennent parfois; L'vn des Docteurs Ianfeniftes fe refolut, felon le confeil qui en auoit efté pris dans leurs fecrettes affemblées, d'occuper toute vne matinée à parler, & à rebatre fans ceffe des chofes inutiles, afin de laffer la patience des Prelats, des Docteurs, & de Monfieur le Doyen, lequel aprés luy auoir ordonné par plufieurs fois de conclure, ce qu'il ne voulut iamais faire; (car ces Meffieurs font fi fouples & fi obeïffans à leurs Superieurs, quand il ne s'agit pas d'obeïr) l'Affemblée fut contrainte de fe leuer fans rien faire, & de s'en plaindre au Roy.

H ij

Cette insolence inouye obligea sa Maiesté d'y enuoyer Monseigneur le Chancelier, pour y procurer la liberté des suffrages, & y faire soigneusement obseruer le Statut que cette Assemblée auoit fait elle mesme, pour regler le temps des auis à vne demie-heure. Ce reglement ayant esté gardé cette matinée; & Mr Arnauld voyant bien que dans six semaines au plus tard, il ne pouuoit plus euiter la condamnation de sa doctrine, & de passer pour vn Nouateur qui soustenoit des heresies, s'il n'auoüoit sa faute & ne retractoit ses erreurs, iugea (auec ses amis assemblez dans leur petite Synagogue) que ce seroit pour eux tous, vne plus grande honte d'estre condamnez en leur presence, qu'en leur absence. Ce qui les fit resoudre par vn commun accord de leuer le siege, & de ne plus paroistre en cette illustre Assemblée dans les autres Seances.

Le grand vuide que leur absence y fit voir le lendemain entre les Docteurs qui estoient sur l'aisle gauche, où ces Messieurs auoient coustume de se placer par vn sinistre presage, parut en quelque façon à tous les assistans, semblable à celuy que la cheute des mauuais Anges fit voir autrefois dans le Ciel, aprés le bannissement de Sathan, & de tous ses adherans.

Et comme les conseils des hommes leur sont funestes & malheureux, lors que Dieu n'y preside pas, & lors principalemét que la cabale, l'interest, & la faction, en remuënt tous les ressorts contre l'Eglise & contre ses veritez orthodoxes; ces Messieurs furent tellement aueuglez qu'ils ne s'apperçeurent pas, que cette action temeraire & schismatique feroit iuger aux plus simples, qu'vne semblable conduite dans vne chose de cette importance qui regardoit la foy, ne pouuoit passer dans l'estime des hommes, que pour les saillies impetueuses d'vn esprit emporté qui animoit ce party, & ne cherchoit qu'à broüiller & à dissiper l'Assemblée, pour fomenter le schisme; & non pas à s'éclaircir de la verité, à s'vnir dans la foy, & moins encore à ramener à la paix, les cœurs diuisez par la chaleur intemperée, que cette nouuelle doctrine auoit causé dans quelques efprits mutins depuis quelques années.

Mais la raifon fecrette qui obligea Mᵣ Arnauld d'empefcher que les Docteurs de fon party ne continuaffent à
fe trouuer aux Affemblées (laquelle toutefois il leur dif-
fimuloit) eft qu'il n'ignoroit pas que la plufpart de ceux
qui luy auoient efté fauorables dans la propofition de *fait*,
ne manqueroient iamais de l'abandonner dans celle de
droit, dautant que dans la premiere, que la plufpart d'entre eux auoient condânée comme mauuaife, ils croyoient
pouuoir excufer charitablement leur amy fans notte d'infamie en leurs perfonnes; mais que dans la feconde ils ne
pouuoient pas le defendre fans paffer eux mefmes pour
heretiques, pour impies, & pour blafphemateurs.

Donc comme il preiugea que de tous les Docteurs, qui
l'auoient ou defendu, ou excufé, ou prié pour luy dans
la premiere Propofition (car ils eftoient entre eux de trois
auis differens), il ne luy en refteroit que fort peu dans la
feconde, ce qui le diffameroit entierement, il conclud
qu'il eftoit tres-important d'obliger ces Docteurs de ne
plus retourner en Sorbonne.

Le iugement qu'il en auoit fait a efté fi veritable, qu'il
s'eft veu confirmé par l'experience qu'il en a faite à fa
honte; car l'vn d'entre les Docteurs, qui luy auoient efté
fauorables dans la queftion de *faict*, (ce fut Mᵣ Heron
qui merite d'eftre nommé auec honneur) venant à opiner fur la feconde, remonftra que c'eftoit auec vne extreme douleur, qu'il eftoit obligé d'abandonner Mᵣ Arnauld fon amy, & pour lequel il auoit toufiours eu vne
eftime finguliere; mais que fa confcience le preffoit, &
l'obligeoit de preferer la verité dans la foy, à fon ancienne amitié. Que luy & tous ceux qui auoient contribué tout ce qu'ils auoient pû pour excufer Mᵣ Arnauld
dans la Propofition de *faict*, eftoient obligez de parler
franchement dans celle de *droit*; qu'ils ne deuoient point
rougir de l'Euangile, ny diffimuler leur fentiment; qu'ils
deuoient leur témoignage à la verité, & reconnoiftre in-
genuëment que la Propofition de droict tirée de la fecon-

* Monfieur Heron
a fuiuy en cela l'e-
xemple de deux
illuftres Prelats
dans le Concile
d'Epheze, Theo-
dote d'Ancyre, &
Acacius de Meli-
tene, tous deux
amis intimes de
Neftorius.
Concil. Eph. part.
2. *action.* 1.

Equidem amici
caufa grauiter af-
fligor, nihilomi-
nus omni amicitiæ
præpono pietatem
&c. *vide ibi fufiùs.*

de Lettre de Mr Arnauld, eſt vne propoſition heretique, & ſi condamnable, qu'elle ne peut trouuer de defenſe dans vne bouche Catholique; & conclud ainſi ſon auis.

Ce qui ébranſla tellement le party, que Mr Arnauld iugea bien que le ſeul moyen de ſe conſeruer quelque reſte de reputation parmy les ſiens, eſtoit d'empeſcher que ſes autres amis ne continuáſſent à ſe trouuer en l'Aſſemblée, par la iuſte crainte qu'il auoit, qu'ils n'imi-taſſent vne ſi ſage conduite.

Mais quelque ſoin, quelques recherches, & quelques promeſſes qu'il ait pû faire ou employer auprés de ceux qui s'eſtoient abſentez, cela toutefois n'a pas empeſché que beaucoup d'entre eux ne ſoiét deſia reuenus,& qu'ils n'ayent témoigné malgré luy, que l'amour de la verité dans les choſes de la foy, auoit ſur eux plus de pouuoir & d'efficace, que l'amitié & l'étroitte liaiſon, qu'ils auoient contractée de longue main auec luy; & peut-eſtre que le temps luy fera voir par le retour des autres, qui comme eux ſouſcriront à la *Cenſure*, (s'ils ne veulent demeurer exclus pour touſiours de la compagnie de ce grandCorps, décheus des droits & des priuileges de cette Faculté, & rayez du nombre de ſes Docteurs) qu'il n'y a point de con-ſeil qui preuale contre celuy de Dieu; & qu'à la reſerue d'vn tres-petit nombre de mutins, Mr Arnauld ſe trou-uera abandonné de tous les ſiens, auſquels il reſte quel-que ſorte de ſentiment pour leur ſalut, & pour la repu-tation de leur nom.

Enfin l'Aſſemblée de Sorbonne au nombre de cent quarante - huit perſonnes tant Prelats que Docteurs, ayant condamné de *temerité*, *d'impieté*, *de blaſphcme*, *& d'hereſie*, la ſeconde Propoſition de Mr Arnauld; cet eſprit endurcy dans la haute opinion de ſoy-meſme, qui s'en-ſeuelit tous les iours dans de nouueaux precipices, & s'engage d'vn abiſme en vn autre, s'auiſa de *proteſter* contre le Decret de cette illuſtre Aſſemblée.

Il eſt vray que cette *Proteſtation* fut d'autant plus ſurpre-nante, qu'on veit en vn moment ce Docteur partir de l'eſtat des *Penitens*, où il ſembloit s'eſtre placé pour y gemir & pleurer ſes fautes, par les frequentes ſuppliques qu'il faiſoit tous les iours par écrit, & par la bouche de ſes amis, aux Docteurs aſſemblez, pour ſe mettre tout d'vn coup dans celuy des *Proteſtans*.

Car ſi les Lutheriens furent appellez de ce nom, pour auoir proteſté contre *la Diete de Spire*, qui n'eſtoit qu'vne aſſemblée de Princes, de Seculiers, & de quelques Ecclefiaſtiques ; certes M' Arnauld & tous ſes Partiſans, ou du moins ceux qui luy reſtent, & dont le nombre diminuë tous les iours, meritent à plus iuſte titre d'eſtre appellez *Proteſtans* ; nom malheureux, & de tres-mauuais augure, ſi l'autorité Ecclefiaſtique & Seculiere ne s'y oppoſe de bonne heure, pour arreſter le cours de ſes deſſeins.

Quoy qu'il en ſoit, nous n'auons plus dans l'Eglife, M' Arnauld *penitent*, mais nous auons en ſa place M' Arnauld *proteſtant :* Et afin qu'il ne manquaſt rien à ſa conduite, de ce que les Lutheriens & les autres heretiques ont fait en ſemblable rencontre, il s'eſt auiſé de faire courir des libelles dans Paris, au mépris, ſoit de la doctrine de l'Eglife, ſoit des Prelats & des Docteurs de cette grande Aſſemblée, où il tourne en raillerie ce qu'elle a fait pour la condamnation de ce Sophiſte, dans la deciſion d'vn point qui regarde la foy.

C'eſt ce qui s'eſt fait & paſſé dans cette affaire depuis la deſertion des Docteurs partiſans de la nouuelle erreur, & c'eſt ce qui nous oblige de paſſer du fait au droit, pour examiner ſi cette nouuelle conduite eſt conforme aux Canons, à la diſcipline de l'Eglife, & à la raiſon ; ou plûtoſt s'ils n'ont pas imité en cela le procedé des heretiques anciens & modernes. Voyons donc s'ils ont eu vn legitime ſuiet de quitter l'Aſſemblée, & nous verrons en ſuite s'ils ont deu proteſter contre ſon Decret ; ſe railler de la doctrine de l'Eglife, & l'expoſer au mépris des peuples par leurs infames gazetes, ou par leurs lettres burleſques qu'ils ont fait courir dans Paris.

Quant au point qui concerne l'éuafion, la fuite, & la retraite que les Docteurs Ianfeniftes firent de l'Aſſemblée
de Sorbonne par vn commun accord ; il eft vray de dire
que cette eclipfe impreueuë donna vn prefage certain,
que fi ces Docteurs s'eftoient rencontrez au commencement dans cette Compagnie, ce n'eftoit pas à deffein d'y
examiner par vn efprit pacifique la qualité des propofitions dont il s'agiffoit, mais feulement pour en détourner la cenfure , & faire éclater par leurs tumultes & par
leurs paroles indifcretes contre quelques Prelats qui
eftoient prefens, l'efprit de cabale, de faction , & de defordre , qui auroit enfin rendu cette Affemblée inutile,
fi le Roy n'euft obligé Monfeigneur le Chancelier d'affifter à l'examen de la premiere Propofition, dont la prefence fut caufe que l'ordre, la paix, & la liberté des fuffrages, s'y conferuerent durant fix fepmaines que ce grand
perfonnage y affifta tous les iours, & où il fit paroiftre
dans toutes les Seances, vne fi grande prudence, vne fi iu-
dicieufe conduite, & vne capacité fi fublime dans ces matieres qui ne font pas de fa profeffion, que les plus obfti-
nez n'en conceurent pas moins d'étonnement, que tous
les fages, d'admiration ; auffi ne voyons nous pas que nos
rebelles en ayēt formé pour lors aucune forte de plainte.

Mais comme cette celebre Compagnie d'Euefques &
de Docteurs fut laiffée à elle mefme dans la feconde Propofition , & qu'aprés auoir eftably cet ordre entre eux,
qu'vn chacun des Docteurs renfermeroit fon auis dans
le temps d'vne demie-heure, on efperoit que ce reglement eftably, donneroit au plus tard dans fix fepmaines,
la decifion de la feconde Propofition ; Ce qui fit cabrer
les Docteurs Ianfeniftes, & porta l'vn d'entre eux d'occuper toute vne matinée dans fon auis, fans toutefois y vouloir conclure, pour dōner occafion à tous ceux de fon party de faire le femblable , & d'éluder ainfi la *Cenfure*, qu'ils
ne pouuoient pas éuiter à moins que de rompre l'Affemblée, & de luy faire perdre le temps en des chofes inutiles.

Cette infolence digne d'vne correction plus feuere que
les

les paroles, obligea les Euefques de s'en plaindre: Et comme le Roy pour obuier à ce defordre y renuoya Monfeigneur le Chancelier, à deffein d'y faire garder le reglement que cette Affemblée auoit fait, pour pouuoir terminer cette affaire, ils iugerent que la prefence de ce premier Miniftre de la Iuftice feroit pour eux vn Soleil, qui par fa lumiere éclaireroit les tenebres de leurs mauuais deffeins, & diffiperoit tous les nuages du trouble & de l'orage, qu'ils auoient medité de faire éclater dans cette Compagnie, pour en diuertir le iugement.

C'eft auffi ce qui fit refoudre les Docteurs Ianfeniftes, dans l'affemblée particuliere qu'ils tinrent entre eux fur ce fuiet, & fous la conduite de leur Chef M.r Arnauld, qu'il falloit fe retirer de bonne heure; ce qui les obligea de former entre eux cette belle conclufion, que firent autrefois les Euefques Arriens au Concile de Sardic, ainfi que nous l'apprenons de Saint Athanaze en ces termes: *Pourquoy donc Meßieurs hefitons nous dauantage ? Pourquoy differons nous tant ? feignons, & cherchons quelque pretexte ? Retirons nous de l'Affemblée, de crainte que fi nous y demeurons & perfiftons d'y aller, nous ne foyons condamnez en noftre prefence. Car il vaut beaucoup mieux pour nous, effuyer la honte de la fuite, que de nous voir condamner & conuaincre d'erreur. Si nous nous retirons, nous pourrons en quelque maniere redreffer & defendre nos fentimens. Que s'ils nous condamnent aprés nous eftre retirez, nous auons d'autres voyes pour nous en releuer*, quand ce ne feroit que celle de la *proteftation*, que M.r Arnauld doit dreffer & tenir toute prefte pour la faire fignifier à l'inftant que la Cenfure fera faite.

Ce confeil ayant efté pris & arrefté entre les Docteurs Ianfeniftes, fon execution commença par leur retraite, au grand fcandale des Prelats & des Docteurs, qui iugerent bien que ces Meßieurs auoient d'autres penfées que celles d'appaifer le trouble & le fchifme, que cette nouueauté a caufé dans l'Eftat & dans l'Eglife depuis quelques années: Ie fçay mefme de bonne part qu'vn des plus celebres d'entre les Prelats, preuoyant le dommage

I

que cette defertion precipitée cauferoit en la perfonne
de fes auteurs , s'employa pour l'arrefter en fa fource,
& pratiqua toutes les voyes de douceur & d'humanité
poffibles à vn efprit adroit comme le fien, pour ramener
ces Meffieurs, dans vn entretien familier qu'il eut auec
quelques-vns de leurs principaux.

Ce qui me perfuade qu'il leur tint le mefme langage,
qu'Ozius autrefois ce grand Euefque de Cordouë, Lé-
gat du S. Siege, tint aux Euefques Arriens, qui s'eftoient
retirez du Concile de Sardic, *Hé quoy, Meſsieurs, ſi vous
craignez le iugement de l'Aſſemblée, pourquoy y eſtes vous
venus ? car vous deuiez, ou ne vous pas preſenter à l'Aſſemblée, où y eſtant venus, vous ne deuiez pas en fuir le iugement. Mais à cela* (dit S. Athanaze) *ils ne firent autre réponſe que des excuſes, qui pour concluſion furent accompagnées de
leur fuite. Enfin aprés que ce Legat eut épuiſé toutes ſes ciuili-
tez, & ſes offices charitables, pour les ramener au Concile, & y
ſubir ſon iugement Synodal, ils refuſerent abſolument d'y aſsi-
ſter, dont ils rendirent vne preuue tres-euidente par leur fuite:*
C'eft ce que nous apprenons de l'hiftoire Ecclefiaftique,
& ce que nous pouuons dire pareillement de ces Docteurs rebelles ennemis de la paix, en fuite des auertiffe-
mens charitables, & des prieres tres-inftantes que Monfeigneur l'Euefque de......fit auprés de ces Meffieurs
pour les rappeller à leur deuoir, s'ils euffent eu autant
d'amour pour le bien de l'Eglife, & pour le repos de nos
peuples, que pour la defenfe & le fouftien de leurs fentimens erroneez. Enfin ils fe retirerent de l'Affemblée de
Sorbonne, pour donner en leur perfonne, & laiffer à
noftre fiecle, vn exemple & vne image veritable de ce
qui s'eftoit paffé au fiecle des Arriens, en la perfonne de
ces deteftables Errans.

Ce font là les fruits du Ianfenifme, & les exploits de ces
Deuots de nos iours qui ne parlent que *tradition*, qui n'en-
feignent dans leur doctrine & dans leur conduite, *que ce
qu'ils ont appris des Saints Peres, & de toute l'antiquité*; qui
n'ont en bouche que *les Canons*, qui feuls *font les veritables*

Catholiques , & les plus sincerement sousmis au Pape , aux Euesques, & aux Puissances de l'Eglise. C'est aussi ce qui merite que nous appliquions icy l'obseruation que le grand Cardinal Baronius a faite sur vne semblable rencontre, en la personne des Heretiques Nestoriens. *Certes*, dit-il, *c'est vne chose tres - digne de remarque, de considerer les contenances , & les differens personnages que iouënt les Heretiques, pour paroistre Catholiques aux yeux des simples , ils ne parlent que par la bouche des Canons, ils sont grands Catholiques dans leurs paroles ; & n'embrassent que la foy orthodoxe du Saint Concile de Nicée ;* ainsi que nos Iansenistes ont tant carressé le S. Concile de Trente, d'où vient qu'ils en ont entrepris la defense contre nous , de mesme qu'ils se declarent auiourd'huy contre nous , les defenseurs de la Constitution d'Innocent X. *Si vous les considerez dans leurs œuures, & dans les choses qu'ils font, vous y voyez vn Zele ardent , vne defense pretenduë de la Religion & de la vraye pieté; mais prenez garde que le venin de l'Aspic repose sur leurs leures, & quoy que leurs discours & leurs paroles emmiellées, dont leurs liures sont remplis, soient plus douces que n'est l'huile, ce sont toutefois autant de traits perçans, qui causent la mort du salut dans les ames.*

Enfin comme les Arriens *pressez d'assister au Concile de Sardic, iugeant bien dans le fond de leur conscience qu'ils ne pouuoient pas éuiter leur condamnation, payerent de raisons indecentes & honteuses, pour excuser leur retraite & leur fuite,* ainsi qu'il est rapporté dans l'Epistre Synodale de ce Concile, *demandant qu'on exclust de la communion des Euesques assemblez dans ce Concile , l'innocent comme coupable ;* ainsi M͏ͬ Arnauld demanda qu'on exclust de l'Assemblée de Sorbonne M͏ͬ le Moine, & ses autres Examinateurs, qu'il disoit estre prest de conuaincre d'erreurs & d'heresies, mesme dans les points dont luy-mesme estoit accusé : ce qui s'appelle donner le change à ceux qui ont trop bon nez pour le prendre, afin d'immortaliser la dispute.

Ie sçay bien que si M͏ͬ Arnauld en eust esté creu à sa parole , tous ceux qui l'ont condamné auroient passé

Baron. ad ann. 431.

Obseruatione quidem digna res est, quot quantisque se inuoluant indumentis hæretici, vt videantur esse Catholici. In ore Canones, in verbis fides , eademque orthodoxa Nicæna ; in factis zelus æstuans, & prætensa defensio pietatis, sed venenum aspidum sub labiis eorum, & cùm melliti sint sermones eorum super oleum, ipsi sunt iacula.

Epist. Synodalis Concil. Sardic. ad Ægypt. apud Athan. Apolog. 2.

Vestra charitas conspiciat , post Athanasij ad sacram Synodum Sardicam congregatam aduentum, Orientales litteris mandatisque citatos fuisse, vt se iudicio sisterent; verùm illos sua conscientia prædamnatos inhonestis causationibus tergiuersari cœpisse, poscentes vt innocentem quaſi nocentem à noſtra cōmunione ſubmoueremus.

Baron. ad ann. 431.

Eò impudentiæ prouenere, vt non veriti ſint litteris apud Theodoſium agere, vt Neſtorij damnationem ir- ritam redderet, quòd ſcilicet qui eum condemnaſ- ſent, hæretici ipſi eſſent, mentientes Cyrilli ſcripta eſſe Apollinaris hære- ſis labe conſperſa.

pour heretiques Semipelagiens; Car tous les Doctes qui ont combatu & condamné ſa doctrine dés le commence- ment iuſques à preſent, ont eſté par luy qualifiez de ce beau nom dans tous ſes liures. Mais il nous permettra de luy dire, que les Neſtoriens auoient fait le ſemblable con- tre les Peres du Concile d'Epheſe, *alleguans que ceux qui auoient condamné Neſtorius eſtoient eux-meſmes heretiques, & ſouſtenoient fauſſement que les écrits de ſaint Cyrille eſtoient remplis des erreurs d'Apollinaire,* ainſi qu'il paroiſt dans les actes de ce Concile.

N'eſt-ce pas auſſi ce qu'a dit Mr Arnauld des écrits de Monſieur le Moine & des autres Docteurs: mais comme cette maniere d'agir eſt familiere aux heretiques an- ciens & modernes, pour ſe defendre de la condamnation de leurs iuges; paſſons à la *Proteſtation* de Mr Arnauld, qui a couru les ruës de Paris, pour voir s'il ne ſe trouueroit point dans le peuple, quelques perſonnes aſſez charita- bles pour ſe declarer du party, & ſe mettre au nombre des nouueaux *Proteſtans.*

SECTION III.

*Troisiéme Confideration fur la Proteftation
de Monfieur Arnauld.*

Vant à cet acte de proteftation , rendu public, tant par le cry des ruës , que par les formalitez ordinaires de fa fignification au Doyen de la Faculté,nous n'y pouuons confiderer que deux chofes; l'vne regarde les faits qui s'y trouuent contenus, l'autre eft la chofe ou la *Proteftation* en elle-mefme faite contre la *Cenfure* de Sorbonne. Quant aux faits qui s'y trouuent contenus, du moins pour la plufpart, outre que celuy qui les auance, a efté conuaincu d'alleguer toufiours fauffement, comme il paroift encore depuis peu dans les deux *Réponfes* qui ont efté faites à fa *feconde Lettre;* ils ont autant de témoins de leur fauffeté, qu'il s'eft trouué de Prelats & de Docteurs dans cette grande Affemblée compofée de cent quarante-huit perfonnes, dans la condamnation de la feconde Propofition. Le fait le plus confiderable en apparence, eft, qu'il fouftient *qu'on n'a pû regler le temps des auis à vne demie-heure ; Que cette conclufion eft contraire à l'vfage de toutes les Compagnies reglées, & à la liberté des fuffrages ; & qu'elle ne pouuoit eftre obferuée dans vne affaire de cette importance , où il s'agiffoit d'vne matiere de foy ; & qu'elle fut la caufe pour laquelle les Docteurs fe retirerent de l'Affemblée.*

Certes à entendre parler Mr Arnauld, ce fçauant homme qui a leu tous les liures , on prefumeroit qu'il auroit quelque raifon, fi *l'hiftoire du Concile de Trente* telle que nous l'auons, ne nous apprenoit qu'vn femblable

Hiftoire du Conc. de Trente liu. 6. aprés le milieu.
La fubftance des Reglemens fut comprife en fept

chefs, &c. Le fixié-
me, que nul d'en-
tre les Theologiés
n'outrepaſſaſt l'e-
ſpace d'vne demie
heure ; & que qui
feroit plus lõg, euſt
à eſtre interrompu
par le Maiſtre des
Ceremonies.

reglement y fut fait entre les Peres de ce Concile. Peut-
eſtre que ce Concile n'eſtoit pas *vne Compagnie reglée* au
iugement de Mr Arnauld, ou *qu'il ne s'y agiſſoit pas des
matieres de foy ?* Si donc ce reglement qui fut fait pour opiner ſur les queſtions de la Meſſe contre Luther, n'obligea point les Peres de ce Concile de ſe retirer, bien qu'ils
n'euſſent qu'vne demie-heure pour opiner ; d'où vient
que les Docteurs Ianseniſtes ont quité l'Aſſemblée de
Sorbonne ? ſe croyent-ils eſtre de plus grands Perſonnages, que n'eſtoient les Peres du S. Concile de Trente ?

Et comme ce reglement eſtably par cette Compagnie
eſtoit égal pour les vns & pour les autres ; quel ſuiet auoit
Mr Arnauld de ſe plaindre pour ſes Docteurs, puiſque
l'vn d'eux pouuoit continuer, & reprendre dans ſon auis
ce que l'autre n'auroit pas eu le loiſir d'exprimer ? Pourquoy ne ſe leuerent-ils pas à l'inſtant que cette regle fut
faite, ſi elle les bleſſoit en quelque choſe ? Pourquoy con-
tinuerent-ils depuis de ſe trouuer à trois ou quatre de ces
Aſſemblées, s'ils iugeoient cette concluſion iniuſte &
inoüye, *& contraire aux vſages des Compagnies reglées, &
à la liberté des ſuffrages ?* Pouuoient-ils preſumer qu'aprés
l'auoir acceptée & confirmée par trois ou quatre ſeances,
ils pourroient la repudier en cas que le iugement des Docteurs ne leur fuſt pas fauorable ?

Or comme le Concile de Trente s'eſt ſouſmis à cette
regle, dans les matieres de la plus grande importance,
que pourront-ils plus alleguer ? ſe plaindront-ils de l'autorité Royale en la perſonne de Monſeigneur le Chancelier, qui au ſuiet de la ſeconde Propoſition, ne s'eſt
trouué qu'vne fois en l'Aſſemblée des Docteurs, pour
leur faire ſçauoir que la volonté du Roy eſtoit, que les
ſuffrages fuſſent libres entre eux, & que le reglement
fait par Meſſieurs de l'Aſſemblée pour le temps des auis
fuſt religieuſement obſerué ? L'autorité des Empereurs
& des Rois, qui en perſonne, ou par leurs Ambaſſadeurs,
ont aſſiſté aux Conciles pour y empeſcher le deſordre,
& pour y maintenir la liberté des ſuffrages, a-t-elle ſeruy

aux heretiques de bons moyens de nullité, pour en eneruer les Decrets?

Il est vray que M. Arnauld se dit Catholique dans sa
protestation, & declare *qu'il ne se departira iamais de la
foy Catholique, Apostolique & Romaine.* Mais quel est l'heretique qui ait iamais dit qu'il n'estoit pas Catholique ?
Ne voyons-nous pas clairement que de mesme, que les
Nestoriens écriuant à l'Empereur Theodoze, pour le
porter à condamner les écrits de S. Cyrille comme heretiques, *aioustErent à la fin de leur Lettre, la confeßion de la
foy orthodoxe, ainsi que le rapporte S. Cyrille* dans son Apologie, *sans toutefois qu'ils dissent ou qu'ils alleguassent vne seule
parole de la condamnation de Nestorius ;* ainsi M. Arnauld
pour imiter ces heretiques, a mis à la fin de son acte protestant, *qu'il ne se departira iamais de la foy Catholique, Apostolique & Romaine,* sans toutefois qu'il dise vne seule parole de la condamnation de la doctrine de Iansenius, laquelle au contraire il s'est efforcé de redresser dans sa
seconde Lettre, malgré la Bulle, & les Decrets du S. Siege, &
au mépris du celebre iugement des Euesques de France.

Et puis nous le croirons Catholique Romain ; sous
pretexte qu'il se dit *Protestant.* O la belle qualité ! & qu'elle est forte & puissante pour nous conuaincre, & nous
prouuer solidement que M. Arnauld est Catholique !
Car si elle suffit pour le faire estimer Catholique, donc
Luther est Catholique ; parcequ'il a protesté contre la
Diette de Spire. Donc Caluin est Catholique, parcequ'il
a protesté contre la Censure de Sorbonne, aussi bien que
M. Arnauld, & qu'il a employé les mesmes railleries,
dont nostre Sophiste s'est seruy dans la *Lettre* qu'il adresse
à vn Prouincial, ainsi que nous verrons dans l'examen
que nous en ferons en son ordre. Donc Eutyches a
esté Catholique, parcequ'il a protesté contre le Concile où presidoit Flauien, & qu'il s'est auisé d'écrire au
Pape S. Leon, pour le surprendre dans le temps mesme, que Flauien (qu'il auoit recusé) le condamnoit
dans vn Concile; de mesme que M. Arnauld écrit au

Baron. ad ann.
431.
Vt maiorem sibi
apud Imperatorē
fidem cōciliarent,
ad finem Epistolæ
adiecerunt ortho-
doxæ fidei con-
feßionem ; recitat
hæc ipse Cyrillus,
sed in eis illi de
damnatione Ne-
storij ne verbum
quidem, quæ pri-
mo loco ponenda
erat.

Pape Alexandre VII. lors qu'il preuoit que la Faculté pourra s'assembler pour censurer les erreurs de sa *seconde Lettre.* Donc en fin les heretiques de tous les siecles, qui ont tousiours protesté contre leurs iuges, ont esté Catholiques, parcequ'ils ont esté *Protestans.*

Mais si nous examinons cette belle *Protestation* en elle-mesme, nous n'y trouuerons que deux choses remarquables. La premiere est l'acte en soy-mesme, ou quant à sa substance. La seconde regarde les circonstances qui l'accompagnent. A l'égard de la premiere: Il est vray que ce mot de *Protestation,* en matiere de foy, a quelque chose d'emphatique, & qu'il peut estre pris quelquefois en bonne part, & quelquefois en tres-mauuaise part. Car qui doute que le zele que nous auons pour le seruice de Dieu, dans vn temps où nous voyons les mondains & les pecheurs profaner ses Autels, & violer le respect qui est deu au Souuerain Pontife, & aux Puissances legitimes de l'Eglise, ne puisse tirer de nostre cœur & de nostre bouche vne sincere Protestation de conseruer le respect & le culte veritable qui leur est deu, iusques à l'effusion de nostre propre sang; & que cette Protestation qui n'est qu'vn renouuellement des vœux de nostre baptesme, ne soit tres-agreable à Dieu? Mais de protester contre l'Eglise, c'est à dire contre le Pape, contre les Euesques, & contre les Docteurs Catholiques, c'est vne chose si estonnante en la bouche d'vn Docteur qui se dit Catholique, qu'elle ne peut estre soufferte ny approuuée que par ceux qui ont secoüé le ioug de l'obeissance pour se declarer les ennemis formels de l'Eglise, & des Puissances qui la regissent.

Ces choses supposées, il est facile de iuger de la qualité de la derniere *Protestation* de Mr Arnauld, qui contient beaucoup de mysteres. C'est vn enigme qui a plusieurs sens, mais il est à craindre que le plus veritable ne soit celuy que nous auons manifesté si clairement dans nos *Inconueniens d'Estat,* par vn certain preiugé que les Sages approuuerent dés lors qu'ils parurent en public, & qui se déueloppe tous les iours peu à peu comme vne tenture

de

de tapifferie qu'on déploye lentement, pour enfin fe faire voir aux plus fimples dans toute fa plenitude.

Or, bien que la *Proteftation* contre les chofes de la foy,
aprés qu'elles ont efté decidées, n'ait rien en foy que de
finiftre; fi eft-ce que celle de Mr Arnauld eft doublement
criminelle. Le premier crime qu'elle commet, eft contre
l'Eftat & l'Eglife, faifant de differentes bleffeures par vn
feul & mefme coup. Car n'eft-ce pas protefter non feulement contre la Faculté, mais contre l'augufte Parlement
de Paris, qui auoit renuoyé à fes Iuges naturels cet efprit
fi amoureux de foy-mefme, & de fes propres fentimens?
N'eft-ce pas protefter contre la Conftitution d'Innocent
X. qui a condamné l'erreur de Mr Arnauld dans les cinq
Propofitions cenfurées ? N'eft-ce pas protefter contre le
celebre iugement des Euefques de France, qui appellent *rebelles* ceux qui continuënt à defendre les erreurs
condamnées de Ianfenius ? Et *n'eft-ce pas vne chofe de tres-
mauuais exemple* (difoit vn ^a grand Pape) *d'en venir aux
Proteftations de cette qualité, qui n'ont efté pratiquées que par
ceux qui ont fecoüé l'obeïffance, ou qui branlent pour la fecoüer?*

Le fecond crime qu'elle commet, eft moins excufable
que le premier ; car il eft contre fon propre auteur, qui
par vn efprit emporté violent & fougueux, s'irrite contre
foy-mefme pour violer fa confcience, fon honneur, fa
parole, & l'augufte ferment qu'il auoit fait autrefois aux
pieds des Autels, à la veuë du Soleil & de la Terre, à la
prefence de Dieu & des hommes, lors qu'en l'année mil
fix cens quarante-quatre ^b *il protefta qu'en tout ce qui regarde
fa perfonne & fes fentimens, il fe foumettoit au iugement de
l'Eglife Romaine de noftre S. Pere le Pape, & de tous les Euefques Catholiques de Monfeigneur l'Archeuefque de Paris,
de la Faculté de Theologie, qu'il honoroit comme fa mere,
& pour laquelle il promettoit de conferuer vn tres-humble refpect ; Qu'il efperoit que l'amour opiniaftre de fes propres fentimens, (remarquez ces paroles, car elles font decifiues)
ne luy feroit iamais bleffer en la moindre chofe, l'obeïffance & la
foumiffion parfaite qu'il deuoit, & qu'il vouloit toufiours rendre
à l'Eglife.*

K

a *Paul III. dans l'hift. du Conc. de Trente.*

b Corã Deo iurare poffum me librum illum S. Rom. Ec-clefiæ, fummíque Pontificis, quem, &c. veneror eíque me, meáque om-nia libens fubmit-to; Catholicorum omnium Epifco-porum, &c. Illu-ftriffimi Archie-pifcopi Parifienfis, &c. Facultatis Theologicæ ma-tris meæ, quæ me femper obferuan-tiffimum & aman-tiffimum habebit, iudicio fubiicere fempérque fubie-ciffe, &c. Nec per-tinax & conten-tiofus priuatę opi-nionis amore ò me adducet vnquam, vt vel tantillum recedam ab obfe-quio atque obfer-uantia quam de-beo, & propenfo animo reddã fer per Ecclefiæ.

C'eſt ce qu'il declara le quatorziéme de Mars 1644. dans la celebre *Proteſtation* qu'il fit pour lors & ſigna de ſa main, au ſuiet du liure de la *Frequente Communion*. Cette *Proteſtation* eſt rapportée tout au long dans vn liuret imprimé depuis peu, auec des reflexions iudicieuſes, qui meritent bien d'eſtre conſiderées.

Quoy qu'il en ſoit, voila deux *Proteſtations* de Mr Arnauld. Par la premiere comme nous auons veu, il ſouſmet ſes ſentimens au Pape, aux Eueſques, & à la Faculté de Theologie de Paris: Par la ſeconde, cet enfant de l'Egliſe proteſte contre le Pape, contre les Eueſques, & contre la Faculté de Theologie de Paris, & meſme contre le Parlement qui l'auoit renuoyé à ſa mere.

L'vne & l'autre ſont authentiques, car la premiere a pour témoins tout ce qu'il y a de Saints dans le Ciel & ſur la Terre: La ſeconde a pour témoins non ſeulement Dieu & les hommes, mais encore les Notaires & les Sergens (qui l'ont exploitée), & le peuple de Paris qui l'a veü courir les ruës entre les mains des Colporteurs, & qui pis eſt, les actions (qui ſont des maſſes à comparaiſon des paroles) nous certifient la verité de la ſeconde, par vne opiniaſtreté & vne rebellion ſans exemple, en la perſonne d'vn ſçauant, autrefois Docteur de Sorbonne.

Que fera donc Mr Arnauld dans cette preſſe? Les iettera-t-il toutes deux au feu pour en faire vne troiſiéme? C'eſt ce que ie ne ſçay pas; Mais ie ſçay bien qu'il deuroit nous declarer quelle eſt celle des deux, à laquelle il veut qu'on s'arreſte. Si à la premiere, qu'il ſe deſiſte donc de la ſeconde: Si à la ſeconde, qu'il reuoque donc la premiere par vn acte public qu'il fera intimer au Pape, aux Eueſques, & à la Faculté de Theologie, afin de nous tirer de la peine & de l'angoiſſe, dans laquelle la contrarieté de ces deux Actes nous precipite.

Mais parceque dans les regles du Droict ciuil, le dernier teſtament annulle par ſoy-meſme le precedent, lors qu'il luy eſt contraire; il eſt facile de voir par la ſeconde Proteſtation de Mr Arnauld, qu'il reuoque la premiere,

Eſclairciſſement de quelques difficultez morales.

& qu'il veut bien que l'on croye qu'il s'eftoit pour lors accommodé au temps, pour donner plus de cours à fa nouuelle doctrine fous vne fi belle apparence, fe referuant en foy-mefme le droit de l'annuller, ou de la reuoquer par vne toute contraire, lors qu'il le iugeroit à propos. Certes fi cette foy vacillante & changeante, felon la varieté des faifons, n'eft celle que les Saints Peres ont appellé *la foy des temps, & non pas la foy des Euangiles*; ie fupplie Mᵉ Arnauld qui *ne fait profeßion d'enfeigner* au peuple fidele par fes liures & par fes actions, *que ce qu'il a appris de la tradition de l'Eglife & de la doctrine des Peres*, qu'il nous monftre dans l'Hiftoire Ecclefiaftique, quelque faint perfonnage qui luy ait feruy d'exemple & de modele dans les deux *Proteftations* contradictoires, dont il a fait prefent à l'Eglife, pour vne marque affeurée de la pureté de fa foy, & de l'immutabilité de fes fentimens. Mais quoy ! ce grand Catholique de nos iours, qui deuoit éclairer les aueugles, redreffer les boiteux, & reformer tous les abus, eft tombé dans vn fens reprouué, tant l'orgueil eft infupportable à la terre, & déplaifant aux yeux de Dieu.

Ce qui nous permet de dire de fa doctrine nouuelle ce qu'vn Pere de l'Eglife difoit au fuiet des erreurs d'vn heretique de fon temps. *Il y a*, difoit-il, *deux chofes à confiderer dans l'erreur des hommes, qu'on ne peut tolerer que tresdifficilement ; La premiere eft la prefomption de foy-mefme auant que la verité foit renduë manifefte; La feconde eft la prefomption de defendre la fauffeté, lors que la verité s'eft renduë publique & connoiffable ; Car ces deux defauts font comme les deux fources bourbeufes, d'où la malice ou la deprauation de tous les heretiques a tiré fon origine & fa naiffance.*

Voilà ce qu'il en dit. Que fi quelqu'vn doutoit de la prefomption de Mᵉ Arnauld, auant la Bulle d'Innocent X. il n'a qu'à confulter la Preface de fon Apologie pretenduë des Saints Peres ; de mefme que pour s'affeurer de la prefomption qu'il a euë de defendre fa fauffeté, aprés que la verité nous a efté manifeftée par la Bulle, par

---

Hilarius lib. ad Conftant. Auguft. Facta eft fides téporū potiùs quàm Euangeliorum, dum fecūdùm annos fcribitur, &c.

Paulin. Aquileiēf. lib. 1. contra Felicē Vrgelit. Bibl. Patr. tom. 4. part. 2. Duo funt quæ in errore hominum difficillimè tolerantur, præfumptio priufquā veritas pateat, & cùm iam patuerit, præfumpta defenfio falfitatis. Ex his duobus cœnofis riuulis omnis hæreticorum prauitas emanauit.

le iugement des Euefques de France, & par la Cenfure de Sorbonne, il fuffit de lire & de confiderer la derniere Proteftation de Mr Arnauld.

Cependant ceux qui iufques à prefent ont fuiuy auec tant d'attache, le party & les fentimens de la nouuelle doctrine de ce Sophifte, peuuent iuger maintenant par le rapport & le parallele de fes deux *Proteftations* contradictoires, s'ils font dans la voye de falut, & s'ils ont vn grand fuiet de fentir en eux-mefmes la paix & le repos, que produit d'ordinaire vne bonne confcience dans les chofes de la foy.

Or, pour iuger plus à fond de la feconde Proteftation de Mr Arnauld, il faut confiderer les quatre circonftances qui l'accompagnent, qui font le temps, le lieu, les raifons qu'il fait eftat de déduire, & les perfonnes pardeuant lefquelles il fe pouruoira.

Quant à la premiere circonftance, qui n'eft pas la moins confiderable, (car elle entre dans la deuife du Port-Royal, *In tempore opportuno, lors qu'il y fera bon;*) Ie dis que ce temps doit eftre ou vn temps de paix, ou vn temps de guerre. Si vn temps de paix, pourquoy dés à prefent ne nomme-t-il pas les Iuges qu'il pretend reclamer quelque iour? y a-t-il à prefent quelque diuifion entre la France & le S. Siege; entre l'Eftat & l'Eglife; entre le Roy & le Pape Alexandre VII. entre les Euefques de France, & les Docteurs de la Faculté? Si en temps de guerre, a-t-il deffein de prendre pour fes Iuges des Generaux d'armée, ou d'appeller à fon aide le Chef d'vn party, qui pourroit parmy nous fe foufleuer contre fon Roy, comme ont fait autrefois les Caluiniftes dans la France, les Lutheriens dans l'Allemagne, les Zuingliens dans les Cantons, & tous les anciens heretiques dans l'Empire d'Orient & d'Occident? Ne fçait-il pas que le bruit des armes empefche d'entendre la voix des Loix; & que fi fa caufe eftoit iufte, la voix de fa iuftice fe trouueroit pour lors eftouffée dans les clameurs de la guerre, & dans le bruit des tambours & des trompettes?

La feconde eft celle du lieu, c’eft à dire ou à Paris, comme Beze, qui ne marchoit dans cette ville qu’auec des gens armez ; ou à Rome, comme autrefois Arnauld de Breffe, dont les Difciples furent dans Rome appellez *Politiques* ; ou en Angleterre, comme de Dominis ; ou dans le Port-Royal comme Eutyches autrefois dans fa folitude.

Mais pourquoy dés à prefent ne s’eft-il point addreffé à Meffeigneurs du Clergé de France pour le iugement de fon affaire, puifque plus de foixante Euefques auroient pû s’affembler pour terminer ce differend, & iuger de la validité de fes pretenduës nullitez ? Quant à la ville de Rome, capitale de l’Eglife Catholique, il n’eft pas à prefumer, qu’il la faluë iamais que de bien loin, tant l’air de cette ville luy eft contraire & dommageable. Que fi la liberté qui fe trouue à Venife entre les perfonnes de differente Religion, à raifon du grand commerce de l’Orient, & mefme en Angleterre, par vne autre raifon, luy eft plus fauorable, il doit fe fouuenir que de Dominis n’a pas efté pour cela crû plus grand Catholique, & que la grande liberté qu’il auoit prife de parler & d’écrire infolemment contre l’Eglife & contre le Pape, ne l’a pas enroollé au catalogue des Saints dont Rome fait la fefte.

La troifiéme regarde les raifons qu’il pretend de deduire *en temps & lieu*, comme il dit ; Mais fi les Docteurs de la Faculté n’ont pas eu affez de lumiere ou d’efprit pour les comprendre, qu’il nous dife fi les Euefques de France font priuez du don d’intelligence ? s’ils manquent de capacité & de fuffifance pour les pouuoir conceuoir ? ou du moins s’ils n’ont pas ce *pouuoir prochain*, pour lequel il nous fait tant de bruit ? Eft-ce qu’ils n’ont pas affez d’autorité pour releuer l’opprimé ? Eft-ce qu’ils manquent de iuftice pour reparer l’honneur de Mr Arnauld, s’il eft vray qu’il ait efté iniuftement noircy par la *Cenfure* de fes propres confreres, & fleftry de l’infame caractere de *temerité*, *d’impieté*, *de blafpheme*, *& d’herefie ?* Que veut donc dire la referue de ces raifons fi friuoles & purement imaginaires dont il fait vn myſtere, mais vn *myſtere d'iniquité*, odieux aux fideles, ſcandaleux à l'Egliſe, iniurieux à la Hierarchie, en vn mot *proteſtant?* Que veut, dis-ie, ſignifier cette reſerue? Que pretend-elle autre choſe, ſinon que de perſuader aux plus ſimples de ſon party, qu'il luy reſte encore aprés ſon naufrage, aſſez de tables de ſon débris, pour les ſauuer & les conduire tous au port de ſalut?

Mais qui ſeroit le ſage voyageur qui vouluſt ſortir de la nacelle de S. Pierre, pour ſe confier à vne table flottante, expoſée à la mercy des flots irritez, & qui pour voiles, pour gouuernail, & pour Pilote, n'a que les vents, l'orage, la tempeſte, & l'erreur? Aprés tout, il ne s'eſt iamais trouué d'heretique qui n'ait touſiours pretendu d'eſtre iniuſtement condamné, & qui n'ait proteſté d'en produire en temps & lieu des raiſons ſi conuaincantes & ſi fortes, qu'on ne pourroit plus en douter. Mais le mal eſt, que leurs raiſons les plus fortes & les plus perſuaſiues, ſe ſont trouuées à la pointe de leur épée, & en la bouche de leurs canons.

La derniere circonſtance concerne les perſonnes, en preſence deſquelles le *Proteſtant* fait eſtat de deduire ſes raiſons. Or ces perſonnes doiuent ſe rencontrer dans l'Eſtat ou dans l'Egliſe. Si dans l'Eſtat, elles ſe reduiſent au Monarque, aux Magiſtrats, ou au Peuple. Si dans l'Egliſe, elles ſe terminent au Pape, aux Eueſques, aux Docteurs aſſemblez, ou aux Peres d'vn Concile.

Cependant ie ne voy pas que la *Proteſtation* de Mᵣ Arnaud puiſſe attendre aucun ſuccez fauorable ny des vns ny des autres; ſi ce n'eſt qu'il ſe promette par cette prolongation, de conſeruer encore pour quelque temps les ſimples de ſon party, ſous eſpoir que toutes choſes ne ſont pas tellement abandonnées, qu'il n'y ait plus de reſource.

Ce qui me fait reſſouuenir de ce qu'vn Seigneur de la Religion pretenduë, & des principaux de la Cour, qui n'eſt pas moins illuſtre par ſa valeur, que par ſon inuiolable fidelité au ſeruice du Roy, dit agreablement en bonne compagnie, aprés la *Cenfure* de Sorbonne, fur le fuiet des Docteurs qui auoient defendu le party de Mr Arnauld, *Courage*, dit-il, *nous ne fommes pas entierement condamnez, puifqu'il nous refte encore foixante Docteurs ; car nous croyons fur ces points conteftez de la grace, la mefme chofe que Meßieurs les Ianfeniftes.* Qu'auroit donc dit ce Seigneur, fi Mr Arnauld auoit efté fuiuy dans fon erreur de prés de deux cens Euefques, comme Donat dans fon erreur, & de plus de trois cens, comme Arius dans fa deteftable herefie ? Mais il ne fçauoit pas que le nombre de ces Docteurs eft bien diminué, & qu'ils reuiennent tous les iours pour figner la *Cenfure*.

Quoy qu'il en foit, Mr Arnauld ne peut pas raifonnablément fe promettre dans fon erreur, aucun appuy des Püiffances temporelles ; Car s'il s'addreffe au Roy, comme autrefois les Arriens à l'Empereur Conftance, les Neftoriens & les Eutychiens à Theodoze, les Donatiftes à Iulien l'Apoftat, les Monothelites à Heraclius, & les Prifcillianiftes à Gratien ; ne fçait-il pas que la pieté de noftre ieune Prince eft fi grande, & fi fortement enracinée dans fon cœur par les foins de la Reine fa mere, que les interefts de Dieu & de la Religion luy font plus chers que la vie ?

S'il s'addreffe à la Reine, il trouuera dans cette grande Princeffe vne fainte auerfion contre les nouueautez profanes, affife fur vne fermeté inuincible à fouftenir les interefts de l'Eglife, & fondée fur vne conftance inuiolable à maintenir & conferuer dans la France la pureté de la Foy.

Si au premier Miniftre de cet Eftat, quels foins n'a-t-il pas contribué pour arrefter le cours de ces nouuelles doctrines ?

Si à l'augufte Parlement de Paris, n'y a-t-il pas trouué fa condamnation lors qu'il y a cherché fon azile, dans la premiere *proteftation* qu'il y fit contre les Examinateurs de fa *Lettre*, & contre les autres Docteurs, qu'il difoit eftre fes parties, & qu'il *offroit*, difoit-il, *de conuaincre d'herefie & d'erreur* ?

Si aux Peuples, il n'y sera pas bien venu, s'ils rappellent dans leur esprit l'idée ou l'image funeste des choses, qui autrefois se passerent en France, au suiet des mesmes erreurs, que le Iansenisme s'efforce de renouueller auiourd'huy par ses *Protestations* temeraires.

Si d'ailleurs il a recours aux Puissances de l'Eglise, que peut-il se promettre du S. Siege, qui a condamné son erreur en la personne de Iansenius? Qu'en peut-il attendre autre chose, que la condamnation de sa propre personne, & de tous ses adherans?

Si aux Euesques de France, dont la foy a tousiours esté vn bouléuard, & vn roc inébranslable contre les traits de l'heresie & de l'infidelité; si, dis-ie, il les reclame aprés auoir violé & outragé si insolemment le respect qu'il leur deuoit, & l'auoir mesme prostitué en la bouche de quelques Docteurs de son party, dans les choses de la discipline & de la doctrine, dont ie supprime le nom pour en épargner la honte; ie le laisse à iuger aux plus sages.

Si aux Docteurs de la sacrée Faculté de Paris, aprés leur celebre *Censure*, il n'y trouuera ny secours ny appuy, qu'aprés vne sincere retractation de ses premieres erreurs, & aprés vne penitence exemplaire d'vne opiniâtreté trop endurcie.

Que s'il attend ou s'il demande vn Concile œcumenique, comme ont fait autrefois les heretiques, S. Augustin luy dira qu'il doit renoncer premierement à la qualité, qu'il auoit faussement vsurpée en se disant son *Disciple*, lors qu'aprés la condamnation des Pelagiens par Innocent I. qui mécontens de ce Pape, (comme nos Messieurs le sont si fort d'Innocent X.) protestoient & soustenoient qu'il falloit vn Concile pour iuger leur different.

Mais que fait Saint Augustin sur cette belle Protestation? Il les fait passer pour ridicules; Car *qu'estoit-il necessaire* (leur dit-il) *d'assembler vn Concile pour condamner vos erreurs pernicieuses, comme si de toutes les anciennes heresies il ne s'en trouuoit point qui n'eust esté condamnée par l'assemblée l'Assemblée d'vn Concile ; qu'au contraire il s'en trouue tres-peu, pour la condamnation desquelles l'Eglise ait iugé necessaire d'assembler vn Concile ; Et nous en trouuons incomparablement plus qui ont esté condamnées, arrestées & esteintes par vne autre voye que par celle des Conciles œcumeniques.*

Puis il aiouste, que *ces Nouateurs auoient bien eu l'insolence & l'audace de s'attribuer cette gloire de n'estre pas legitimement condamnez, si premierement on n'assembloit vn Concile general des Eglises d'Orient & d'Occident.* Mais i'apprehende pour Mr Arnauld, qu'il ne soit enfin contraint de condamner la conduite de S. Augustin, aprés en auoir alteré & corrompu la doctrine tant de fois.

opus erat, vt aperta pernicies damnaretur, quasi nulla hæresis aliquando nisi Synodi cōgregatione damnata sit; cùm potiùs rarissimè inueniantur, propter quas damnādas talis necessitas extiterit, multóque sint atque incomparabiliter plures, quæ vbi extiterunt, &c.

Ibidem. Verùm illorum superbia, &c. hanc etiam gloriam captare intelligitur, vt propter illos Orientis & Occidentis Synodus congregetur.

SECTION IV.

Quatriéme Confideration fur la premiere Lettre addreßée à vn Prouincial, touchant le pouuoir prochain.

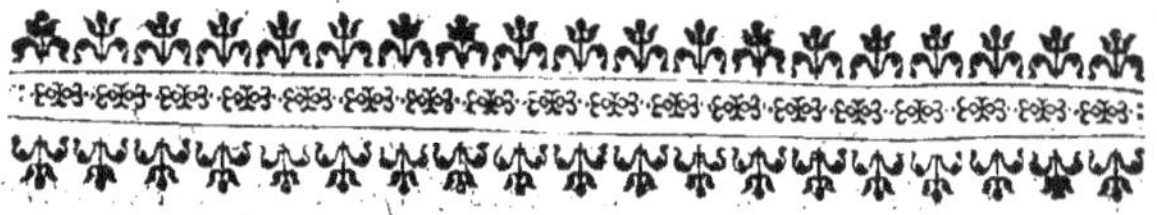

A *Proteftation* de Mr Arnauld n'auroit pas efté bien complette ny acheuée de tous points, s'il ne l'auoit accompagnée de quelques écrits volans, qu'il a fait crier par les ruës, fous le nom de *Lettres* addreffées *à vn Prouincial.* La premiere eft fur le fuiet du *pouuoir prochain,* qui fe trouue en tous les iuftes pour accomplir les preceptes, ou du moins pour prier, & demander la grace requife & neceffaire pour accomplir le precepte.

Ce premier écrit volant fe termine à deux chofes, l'vne à diffamer la Religion par les infolentes railleries qu'il fait des chofes les plus faintes; l'autre à eneruer ou affoiblir la *Cenfure* de la Faculté, fous pretexte, dit-il, que toute la difpute n'aboutit qu'au fens & à l'interpretation d'vn feul terme formé de deux fyllabes; ce qu'il dit à deffein de perfuader au peuple, qu'il ne s'agiffoit en cela que d'vne chofe de neant, & de fi peu d'importance, qu'elle ne vaut pas mefme qu'vn bon efprit s'y occupe & s'y peine; d'où vient, dit-il, qu'il *eft à craindre que cette Cenfure ne faffe plus de mal que de bien.*

Lettre à vn Prouincial pag. 2.

La premiere donne à penfer qu'au Senat du Port-Royal, & felon fes Docteurs Cafuiftes, l'impieté n'eft comptée que pour vn atome & pour vne chofe de neant, puifqu'ils en font fi peu d'eftat, que de la rendre publique, & la faire profner dans les ruës; car on fçait de qui vient cette piece.

C'eſt ainſi qu'en vſa Luther, qui d'abord s'eſtoit ſouſmis au S. Siege, lors que ſe voyant condamné il s'auiſa *de faire courir des libelles iniurieux contre les Vniuerſitez de Cologne, dë Louuain & de Paris, faiſant paſſer tant de grands hommes pour des ſtupides & des perſonnes ſans ceruelle,* & depuis ſe voyant condamné par le Pape, il tourna cet anatheme en raillerie; *Le tres-Saint Pere Leon* (dit cet Heretique) *fut la cauſe des troubles, lors qu'il m'excommunia, & qu'il me donna à tous les Diables.*

C'eſt ainſi qu'en vſa Melancthon dans vne *Apologie* pour defendre la doctrine de Luther contre la Cenſure de Sorbonne, *prenant le perſonnage d'vn bouffon pour rendre ces Docteurs ridicules par ſes plaiſanteries ; & que Luther, en langage vulgaire, décria les Docteurs* (ainſi que le remarque l'Hiſtoire) *à deſſein d'irriter les eſprits des ignorans & du commun d'entre le peuple, contre cette Faculté.*

Mais de meſme que Luther declara dans la chaleur de la diſpute, que la nouueauté qu'il profeſſoit *n'auoit pas eſté commencée pour l'amour de Dieu, & qu'ainſi elle ne finiroit pas pour l'amour de Dieu;* il eſt pareillement à craindre que la nouueauté du Ianſeniſme, qui a commencé par les liures, & par vn mépris inſupportable des Docteurs de l'Egliſe, & non pas pour le pur amour de Dieu ou de la verité, ne finiſſe que par les voyes de fait, & par le mépris éuident des Puiſſances ſpirituelles & temporelles, qui ſont les fruits ordinaires de la ſuperbe & de l'orgueil.

C'eſt ainſi qu'en vſa Caluin, lors que pour faire honneur à l'Aſſemblée de la Faculté de Paris, qui auoit cenſuré ſes erreurs; il dit, parlant de ces Docteurs, que *la congregation de ces Maiſtres eſt ſemblable à l'Arche de Noé, dautant qu'elle eſt vne multitude de toutes ſortes de beſtes, & puiſqu'il y a eu vne ſecte de Philoſophes qui a porté ſi grande reuerence à ſon Maiſtre, qu'il ſuffiſoit d'alleguer ſon autorité pour toute reſolution; combien plus deuons nous,* dit-il, *receuoir ce que nos Maiſtres eſtant congregez en vn, en ont determiné ?* Et ſur la fin, cet Hereſiarque aiouſte ces paroles, *Ce que les Sorboniſtes font mention de leur troupe, ils ſe ſont bien*

Annal. Bar. continuat. ad ann. 1519. *pag.* 333.
In eas (Vniuerſitates) edito valde mordaci libello adeo debacchatus eſt, vt viros eruditione & pietate conſpicuos non aliter habuerit, ac ſi capita ſine cerebro, adeóque truncis ſtupidiores eſſent.

Annal. Baron. continuat. ad ann. 1521. *pag.* 339.
Melancthon... : cùm impudentiam & ſcurrilitatem induiſſet, *Apologiam pro Luthero* hac inſcriptione, *aduerſus furioſum Pariſienſiũ Theologaſtrorum Decretum* promulgauit, rem inſtar morionis in ludibriũ vertens. Quemadmodum & ipſe Lutherus mordaciſſimè atque iniurioſiſſimè reſpõdit ſermone vulgari, vt etiam indoctos in eos concitaret.

Ibid. ad ann. 1519. *pag.* 333.
Ira victus impiiſſimè iuxtà atque impudentiſſimè reſpondiſſet, **Non** propter Deũ hanc rem cœptam eſſe, neque propter Deum finituram.

Caluin dans ſes Opuſcules ſur le traité intitulé, Les

Articles de la sa-
crée Faculté.
*Lettre écrite à vn
Prouincial.*

icy monstrez troupeau de pourceaux.

La seconde est, que pour eneruer la Censure, Mᵉ Arnauld declare *qu'il craint qu'elle ne fasse plus de mal que de bien, qu'elle ne donne à ceux qui en sçauront l'histoire, vne impression toute opposée à la conclusion; Que le tout est de peu d'importance; que le terme* PROCHAIN *n'a esté inuenté que pour brouiller, & que la Censure estant faite, la paix ne sera pas establie.* Puis il raille sur ce terme *Pro-Chain,* qu'il veut qu'on prononce & qu'on écriue par deux syllabes distin-ctes; Et dit pour sa raison que *ce mot n'est pas de l'Ecriture, ny des Peres, ny des Conciles, ny des Papes:* Il conclud enfin *que cette Censure rendra la Sorbonne méprisable;* Et pourquoy? Parcequ'elle a condamné Mᵉ Arnauld & les Ian-senistes, & declaré que leur doctrine estoit *impie, blasphe-matoire & heretique,* après la Constitution du S. Pere, & le celebre iugement des Euesques de France.

Voyons maintenant si Mᵉ Arnauld n'a point emprunté des heretiques ce iudicieux procedé, & cette sage con-duite, tant il est soigneux de les portraire en soy-mesme, & de former en sa personne vne copie viuante, & con-forme en toutes choses à ce bel original, qu'il s'est resolu d'imiter: Ses aduersaires, dit-il, *n'ont inuenté ce terme, ou ce mot* Prochain, *que pour brouiller;* d'où il conclud, *que le tout est de peu d'importance, & que la Sorbonne se rendra mé-prisable par sa Censure.*

Tertull. lib. contra
Hermogen.
Hæ sunt argutiæ
& subtilitates hæ-
reticorum, simpli-
citatem commu-
nium verborū tor-
quentes in quæ-
stionem.
Ambros. lib. 2. de
Spirit. sancto
cap. 10.
Quid mirum si de
verbis amætes ho-
mines faciūt quæ-
stionē, cùm faciāt
& de syllabis?

Mais ce Sophiste qui se dit si versé dans la doctrine des Peres, n'apprehende-t-il point que Tertullien luy re-proche sur ce suiet, ce qu'il disoit autrefois à l'heretique Hermogene en ces termes, *Les pointilles & les subtilitez des heretiques sont si raffinées en malice, qu'elles forment des questions sur les paroles les plus communes & les plus simples.* Et que S. Ambroise luy dise, *que ce n'est pas merueille, si des esprits emportez & hors d'eux-mesmes, émeuuent des trou-bles & des riottes sur des mots, puisqu'ils en font mesme sur les syllabes?*

N'est-ce pas cela mesme que les Schismatiques alle-guerent à l'Empereur Constance, pour redresser par son autorité la doctrine d'Arius, *le priant de commander qu'au faux Concile d'Arimini, dont ils demandoient la conuocation, il mandaſt qu'on retranchaſt du Formulaire de la Confeſſion de foy ces deux paroles, Subſtance & Conſubſtantiel, leſquelles toutefois* (comme remarque Theodoret) *auoient eſté introduites par les Peres, comme des armes offenſiues, & des machines inſurmontables pour accabler la ſecte pernicieuſe & ſophiſtique d'Arius. La raiſon de ces Schiſmatiques, eſtoit que le grand trouble & toute la diſſenſion qui eſtoit pour lors dans l'Egliſe, ne procedoient que de ces deux paroles que les Catholiques auoient inuentées.*

Et lors que *les Eueſques Ariens ſe trouuerent en la preſence des Eueſques Catholiques, ne ſouſtinrent-ils pas,* dit Theodoret, *que c'eſtoit vne honte de ſouffrir que le Corps de l'Egliſe fut diuiſé & déchiré en ſoy-meſme pour deux petites paroles, leſquelles meſme on ne trouuoit pas dans les ſaintes Ecritures ?*

C'eſt cela meſme que Mr Arnauld nous remarque dans ſon écrit, quand il dit que ce mot *Prochain* compoſé de deux ſyllabes, *n'eſt pas de l'écriture ny des Peres, ny des Conciles, ny des Papes.*

Mais nous pourrions luy faire ſur ce ſuiet la meſme réponſe, que les Docteurs Catholiques firent autrefois aux Diſciples d'Arius dans S. Epiphane en ces termes, *Dites nous de grace vous autres Meſſieurs qui vous glorifieZ d'eſtre les Diſciples d'Arius, pouueZ-vous ignorer que tous tant que nous ſommes dans l'Egliſe nous diſons vniformement, & vous & nous, parlant du Pere, qu'il eſt non engendré & increé. Ce terme ou cette façon de parler vous paroiſt-elle nouuelle ou merueilleuſe ? nullement. Mais en quel liure des Ecritures Canoniques nous lireZ-vous ces termes, ces dictions, ou cette maniere de parler du Pere ? Car ce ne ſera pas dans les liures de Moyſe, ny dans les Prophetes, ny dans les Apoſtres. Si donc nous introduiſons pieuſement quelque terme nouueau, qui ne ſe rencontre pas dans la ſainte Ecriture, & qui ſoit admis & receu dans l'Egliſe pour la gloire de Dieu, qui nous pourra reprendre raiſonnablement d'vſer du terme* CONSVBSTANTIEL (ou de

L iij

Theodoret. lib. 2. cap. 18. de Arimin. Concilio.

Perſuadent (*Ariani*) Conſtantio vt Concilium Epiſcoporum Oriétis & Occidentis Arimini cogeret, mandarétque vt hæ voces, Subſtátia & Conſubſtantialis, (quæ tanquam machinæ quædam ad perniorioſá Arij & fraudulentam ſectam expugnandum à Patribus erant excogitatæ) ex fidei formula tollerentur. Ex his enim diſſenſioné in Eccleſias inuectam dicebant, &c.

Epiſcopi Ariani dicunt corpus Eccleſiæ minimè diſtrahi debere ob duas voculas, eáſque in ſacris Litteris neutiquam ſcriptas.

Epiphan. contr. hareſ. hareſ. 69. Reſpondete nobis Arij diſcipuli, ingenitum dicimus ſimul omnes Patré & increatum, & admirabilis eſt dictio ſcilicet? vbi ergo eſt dictio hæc ſcripta oſtendite? Nec enim lex dicit, neque Prophetæ, neque Apoſtoli. Si itaque piè dicimus dictionem non ſcriptã, éſtque recepta dum pro gloria Dei dicitur, quis celuy de Prochain) *quoy qu'il ne ſe rencontre pas dans les ſaintes Ecritures ?*

On luy ſouſtient d'ailleurs, que lors que l'Ecriture, les Peres, les Conciles, & les Papes, nous diſent que le iuſte peut accomplir le precepte, ils entendent que ce *pouuoir* eſt *prochain ;* Et meſme que lors que S. Auguſtin, dont il ſe dit le Diſciple, nous aſſeure que l'homme peut accomplir le precepte, il entend touſiours que ce pouuoir eſt vn *pouuoir prochain,* de prier ou de faire, auquel il ne manque aucune choſe, ou pour prier ſi le precepte eſt de prier, ou pour vouloir ſi le precepte eſt de vouloir, ou pour accomplir le precepte, ſi le precepte oblige à l'action.

Delà vient que ce Pere parlât de deux graces, dont l'vne eſt *foible,* & l'autre eſt *forte,* nous dit que la premiere donne vn commencement de bonne volonté, & vn ſimple deſir d'accomplir le precepte ; mais que l'homme touché de cette grace, *ne peut pas encore* accomplir le precepte ; & que pour lors on ne doit pas dire de cet homme *qu'il peut accomplir le precepte ;* ce qui par conſequent exclud toutes les poſſibilitez imaginaires, que les Ianſeniſtes, aprés leur Maiſtre, vouloient admettre & reconnoiſtre, à la reſerue de celle qui donne touſiours au iuſte le *pouuoir prochain.*

Et quand S. Auguſtin parle de la ſeconde, il dit que l'homme en cet eſtat *peut accomplir le precepte ;* Ce qui fait voir par vne ſuite neceſſaire, que lors que S. Auguſtin dit que *l'homme aidé de la grace peut eſtre ſans peché s'il veut,* ce Pere nous deſigne que cet homme a *le pouuoir prochain* de demander ou d'accomplir le precepte, ainſi que nous l'auons ſi fortement eſtably & prouué dans les *Regles de S. Auguſtin, pour l'intelligence de ſa doctrine,* que nous auons données au public. Tellement que S. Auguſtin ne dit iamais que l'hôme *peut eſtre ſans peché,* ou qu'il peut *accomplir le precepte,* qu'il n'entende parler du *pouuoir prochain* d'eſtre ſans peché, c'eſt à dire de faire ou de prier pour accomplir le precepte, quoy qu'il ne l'accompliſſe pas en effet.

Celuy, dit-il, *qui veut accomplir le precepte, & ne peut pas encore l'accomplir, a deſia vne volonté qui eſt bonne & loüable,* quoy qu'encore *trop foible & trop petite ; mais quand il aura vne volonté forte & robuste, il pourra pour lors accomplir le precepte.* Ce sont là ses paroles qui font voir clairement que ces deux graces sont differentes, puisque par la premiere on ne peut pas dire de l'homme, qui en est secouru, *qu'il peut accomplir le precepte,* auquel cas S. Augustin le renuoye à la priere ; *Qu'il prie,* dit-il, *& qu'il demande, afin qu'il ait autant de volonté qu'il en faut pour accomplir le precepte ; car c'est ainsi qu'il est aidé de Dieu pour accomplir le precepte.*

Par la seconde, l'homme peut dans la pensée de S. Augustin accomplir le precepte, ce qu'il ne pouuoit pas par la premiere. Et pourquoy ? parcequ'il peut *prochainement & actuellement* accomplir par le secours de la seconde, ce qu'il ne pouuoit pas encore *prochainement* par le secours de la premiere. D'où il s'enfuit que S. Augustin non plus que les autres Saints Peres ses predecesseurs, & le Saint Concile de Trente, ainsi que nous verrons dans la Consideration suiuante, ne disent point que l'homme puisse accomplir le precepte, que lors qu'il a dans soy-mesme le *pouuoir prochain,* c'est à dire toutes les choses requises & necessaires pour accomplir le precepte.

C'est en ce sens que l'Eglise a entendu les Saints Peres, lors qu'ils ont dit que *le iuste peut accomplir le precepte ;* & de mesme que pour étouffer autrefois l'heresie des Arriens, les Peres ont introduit le terme de *Consubstantiel,* pour expliquer les passages de l'Ecriture, que l'Eglise des siecles precedens auoit pris & entendus en la mesme maniere que l'entendoient les Peres & les Docteurs de l'Eglise, qui pour lors combattoient cette erreur & cette nouueauté en la personne d'Arius ; ainsi dans la naissance des heresies de nostre siecle, l'Eglise pour les condamner & les interdire s'est trouuée obligée d'introduire le terme de *Transsubstantiation* contre l'heresie de Luther, non pas pour faire vne chose nouuelle dans la foy : mais pour expliquer nouuellement le sentiment ancien & vniforme de l'Ecriture, de la Tradition, & des Peres contre les heretiques.

non potest, iam quidem habet voluntatem bonam, sed adhuc paruam & inualidam, poterit autem cùm magnam habuerit & robustam.

Ibid. cap. 15.

Oret vt habeat tantam voluntaté, quanta sufficit ad implenda mandata ; sic quippe adiuuatur vt fiat quod iubetur.

Et ſuppoſé que ce terme *de pouuoir prochain*, à l'égard des preceptes en la perſonne du iuſte, n'euſt eſté marqué par les Docteurs Catholiques que depuis quatre cens ans, & que meſme il fuſt nouueau, c'eſt aſſez pour l'autoriſer dans l'Egliſe, que le ſens de la Tradition & des Peres, lors qu'ils diſent du iuſte *qu'il peut accomplir le precepte*, eſt que ce iuſte a dans ſoy la *puiſſance prochaine* de prier, ou de faire pour l'accomplir, puiſque ſelon S. Vincent de Lerins, l'Egliſe ne dit & ne fait point de *choſes nouuelles dans la doctrine, bien qu'elle les diſe nouuellement*. Et c'eſt ainſi qu'à l'égard des Arriens, l'Egliſe ne fit rien de nouueau dans la foy, par ce terme *Conſubſtantiel*, dont elle ſe ſeruit pour expliquer la *Conſubſtantialité du Pere & du Fils*, quoy que pour lors elle ait parlé nouuellement pour exprimer l'ancien ſentiment de l'Egliſe & des Peres, qui auoient fleury dans les ſiecles precedens.

Vincent Lirin. in Commonit. cap. 27. Eadem tamen quę didiciſti ita doce, vt cùm dicas nouè, non dicas noua.

Et d'ailleurs, bien que dans l'explication de ce terme *prochain*, il ſe pût rencontrer entre les Docteurs de l'Ecole, quelques formalitez particulieres & differentes dans l'explication de ſon ſens, il ſuffit toutefois pour parler en Catholique, qu'on demeure d'accord que le iuſte qui n'accomplit pas le precepte, a dans le meſme temps qu'il le viole, *le pouuoir prochain* de ne le pas violer. Ce ſont là les colomnes où il faut s'arreſter, ſans qu'il nous ſoit permis de condamner les formalitez particulieres, qui partagent dans leur diſpute quelques Docteurs de l'Ecole.

Et comme Dieu ne s'eſt point obligé de nous reueler le *Quomodo* de la foy, ny des myſteres de la grace, ny la maniere en laquelle la grace agit en nous auec nous, ſans violer ny endommager noſtre liberté d'indifference en quelque façon que ce ſoit, il ſuffit pour eſtre Catholique d'auouër que le iuſte a *le pouuoir prochain* de prier ou de faire pour s'abſtenir du peché, lors meſme qu'il contreuient au precepte, ſans embaraſſer ſon eſprit dans les ſubtilitez differentes de l'Ecole, pour l'accord de la liberté & de la grace ; iuſques à ce que l'Egliſe en ait determiné

quelque

quelque chose à l'auantage de l'vn ou de l'autre party des Docteurs Catholiques; Car pour lors il faudroit se sousmettre à la decision de l'Eglise, & condamner franchement la doctrine contraire.

Enfin si Mr Arnauld continuë à nous dire que *ce terme Prochain n'a esté inuenté que pour brouiller, qu'il n'est ny de la sainte Ecriture, ny des Peres,* & que *par la Censure, la paix ne sera pas establie;* nous luy repartirons qu'il imite en cela les heretiques, dont il est dit dans l'Epistre Synodale du Concile d'Alexandrie, que *ceux qui s'amusoient à susciter des querelles & des riottes dans l'Eglise, sur des petites paroles de cette qualité, ne faisoient autre chose en verité, que de presenter vne boisson veneneuse à leurs prochains, capable de leur renuerser la ceruelle, comme ennemis, & amateurs des troubles & des schismes.* Qu'il imite Cyrus d'Alexandrie, qui pour fomenter l'heresie des Monothelites, disoit *qu'il falloit supprimer ces paroles, des deux volontez, ou des deux operations en Iesus-Christ.*

Et dans l'Epistre de Sergius, ces heretiques parlant à Sophronius qui leur estoit contraire, *Monstrez-nous* (luy disent-ils) *& produisez nous des textes des Saints Peres, c'est à dire de ceux qui sont approuuez, que nous reconnoissons tous communément estre Docteurs, & dont les dogmes sont reconnus pour conformes à la doctrine de l'Eglise; monstrez-nous,* disent-ils, *que dans leurs textes ils ayent parlé nommément, & en termes precis des deux operations en Iesus-Christ, & qu'ils nous ayent dit qu'il en falloit ainsi parler:* N'est-ce pas ce qu'on nous dit auiourd'huy touchant ce terme *prochain?* C'est pour cela (disoient ces heretiques) *que nous auons iugé à propos d'employer tous nos soins pour appaiser ce trouble, & pour retrancher ce conflict superflu de paroles.*

muniter Doctores confitemur, & quorum dogmata legem sanctæ Dei cognoscunt Ecclesiæ, duas nominatim & ipsis verbis operationes in Christo dicendas tradentia.

Ibid. Necessarium iudicauimus omne studium ponere, ad sedandum atque amputandum talem superfluum verborum conflictum.

Il imite les Arriens, qui firent tant de bruit pour retrancher & bannir du langage de l'Eglise *ce mot Consubstantiel, parce,* disoient-ils, *qu'il ne se lisoit point dans les saintes*

M

Baron. ad ann. 362. ex epist. Synod. Alexand. ad Antiochen.
Qui super istiusmodi voculis contentiosè rixantur, & hi profectò nihil aliud agunt, quàm quod proximis suis turbidam subuersionem propinant, vt inimici, & discordiarum schismatûmque æmulatores.
Ad ann. 633.
Acta sextæ Synodi docent Cyrum... Monothelitarum hæresi aperuisse viam, eo simulato prætextu, quòd hæreticos Ecclesiæ Cath. iungere posset, si duarum voluntatum & operationum voces silétio supprimeret.
Ibid. ex Ep. Sergij ad Honor.
Postremò adhortati eū (Sophron.) sumus, testimonia nobis proferre, sanctorum ac probabilium Patrum illorum videlicet, quos omnes com-

Hieronym. aduersus Lucifer.
De vsiæ nomine abiiciendo verisi-

milis ratio præ-
bebatur, quia in
scripturis, aiebant,
non inuenitur &
multos simplicio-
res nouitate sua
scandalisat.

Baron. ad ann.
448.
Cœpit ille dicere,
in qua scriptura
iacent dox naturę?
deinde, quis san-
ctorû Patrum ex-
posuit Deum Ver-
bum duas habere
naturas?
Si volunt depone-
re me, aut si desi-
derant facere ali-
quid aduersû me,
secundùm permis-
sum Dei faciant;
Ego enim in fide
quam accepi, in
ipsa steti, & con-
firmari desidero.

Caluin dans ses
Opuscules sur le
traité intitulé, Les
Articles de la sa-
crée Faculté.

Ecritures, & que par sa nouueauté, il scandaliZoit les ames simples. Il imite Eutyches, lors *qu'il demanda en quel endroit de l'Ecriture sainte on y lisoit ces termes, Deux natures en Iesus-Christ, & quel estoit celuy des saints Peres qui auoit soustenu ou auancé dans ses écrits, que Dieu Verbe incarné eut deux natures. Que si mes ennemis* (disoit-il en suite) *me veulent deposer, ou s'ils veulent entreprendre quelque chose contre moy, qu'ils fassent ce qu'ils voudront, autant que Dieu le leur permettra; quant à moy ie desire, & ie suis resolu de perseuerer en la foy que i'ay receuë, & dans laquelle i'ay de-meuré iusques à present.*

Iugez si la protestation que fait Mr Arnauld, quand il dit qu'il *ne se departira iamais de la foy Catholique, Apostolique & Romaine,* quoy qu'il la combatte en quelques-vns de ses principaux points, dans lesquels il ne veut pas se soufmettre, ny à la Bulle du Pape, ny au iugement des Euesques de France, ny à la *Censure* de Sorbonne, est fort differente de la protestation d'Eutyches, qui écriuit au Pape Saint Leon, & luy promit de se soufmettre; de mesme que Mr Arnauld s'est vanté d'auoir écrit au Pape Alexandre VII. au iugement duquel il est à presumer qu'il se soufmetra, en la mesme maniere que fit Eutyches à celuy de Saint Leon, auquel il declara qu'il garderoit toufiours inuiolablement les Decrets & la Foy du Saint Concile de Nicée. Ce que toutefois il ne voulut iamais faire; car depuis que les Eutychiens eurent quitté la plu-me pour prendre les armes, il fallut substituer les effets aux paroles.

Enfin il imite Caluin, lors que cet heretique parle des Docteurs de Sorbonne, *Ils alleguent* (dit-il) *la vertu du nom de Iesus, comme si le salut des hommes estoit enclos en ces deux syllabes.* Mais de grace! y a-t-il plus de deux syllabes au nom de *Pro-chain?* & se voit-il rien de plus ressem-blant que la conformité de ces deux esprits dans la ren-contre des moindres choses?

Aprés tout, il est à craindre que les Nouateurs de nostre temps, qui s'estudient si religieusement à imiter

les heretiques ãnciens & modernes, dans la conduite des
chofes qui regardent leur mauuaife doctrine, ne les imi-
tent enfin dans la conduite des chofes qui concernent la
Politique ; Mais fi les Puiffances de l'Eglife font obligées deuant Dieu par vn droit indifpenfable de s'oppofer
à la premiere, les Puiffances de l'Eftat ne font pas moins
obligées de s'oppofer à la feconde.

SECTION V.

Cinquiéme Consideration sur la seconde Lettre adressée à vn Prouincial, touchant la grace suffisante.

E second écrit volant que Mr Arnauld a fait paroistre, sous le nom de *seconde Lettre adressée à vn Prouincial*, n'a que deux choses qui soient dignes de remarque; La premiere est son dessein; La seconde est la maniere de s'expliquer. Celle-cy est vne parabole qu'il s'est efforcé de crayonner sur l'image de celle du pauure blessé que nous voyons dans l'Euangile, imitant en cela les heretiques Albigeois, ainsi que nous verrons en son lieu. Celle-là est pour décrier le sentiment particulier de quelques Thomistes, sur le sens & l'explication qu'ils donnent à la *grace* qu'ils appellent *suffisante* dans *l'Ecole*.

Mais comme ce Nouateur n'a point d'autres armes que celles qu'il emprunte du magasin des Sophistes & des heretiques; ie dis à l'égard de la premiere, qu'il imite les heretiques, en ce qu'il s'efforce d'appeller les peuples au iugement des choses de la foy, & qu'il pretend les placer entre les Euesques & les Docteurs de l'Eglise, pour donner leur suffrage en faueur de l'heresie fraichement condamnée par l'Assemblée de Sorbonne; de mesme qu'autrefois ceux de Zurich, persuadez par Zuingle heretique, declarerent hautement aux Prelats, qu'ils vouloient estre les Iuges des choses de la Foy, parce, disoient-ils, que ces choses les regardoient aussi-bien que les Prelats.

Il imite pareillement les Sophistes en ce qu'il confond la doctrine de la foy auec la doctrine de l'Ecole, ie veux

dire les fentimens particuliers de quelques Docteurs de
l'Ecole, auec les fentimens de la Foy, communs à toute
l'Eglife, pour tromper les ignorans par cette rufe, & abu-
fer ainfi de leur fimplicité aux dépens de leur falut.

Pour m'expliquer plus clairement, il importe d'obferuer qu'il y a bien de la difference entre *la doctrine de la foy,*
& la doctrine que nous appellons communément *doctrine
de l'Ecole;* Car en celle-cy les fentimens font diuifez, & il
eft libre à vn chacun de fuiure & de s'attacher à celuy qui
luy plaift, dans les points qui fe conteftent tous les iours
fur les bancs entre les Docteurs Scolaftiques, tels que
font les Thomiftes & les Scotiftes. Au contraire, dans les
chofes de la foy, il n'eft pas permis d'auoir vn fentiment
contraire au fentiment commun de l'Eglife, non plus
qu'on ne peut pas opiniaftrement les chocquer, fans paffer pour heretique.

C'eft ce que S. Auguftin nous enfeigne, lors que pour
nous monftrer la difference qu'il y a entre la doctrine de
la foy & la doctrine de l'Ecole, il veut que tous fideles
foient conformes & d'accord en la premiere, quoy qu'il
leur permette de ne l'eftre pas dans la feconde, fuppofé
que leur chocq, leur combat, & leur contrarieté ne portent aucun preiudice aux chofes de la foy, ny à la charité
qui eft le lien de la paix.

Il y a de certaines chofes (dit ce S. Pere) *dans lefquelles
parfois les plus doctes & les plus vigoureux defenfeurs de la
foy & des veritez Catholiques ne s'accordent pas entre eux,
fans toutefois que ce difcord ou cette diffonance faffe aucun preiudice à la foy; de telle forte qu'à raifon de l'vne ou de l'autre
de ces chofes, l'vn d'eux dit quelque chofe de meilleur & de
plus veritable que les autres. Mais quant à la chofe dont nous
traittons prefentement, elle appartient aux fondemens de la foy.*

Ce qu'il obferue pour monftrer que dans les chofes de
la foy, on ne peut pas auoir vn fentiment particulier &
different du fentiment commun des fideles, & eftre Catholique en mefme temps : *Car l'Eglife de Iefus-Chrift*
(ainfi que S. Auguftin nous le dit autre part) *n'eft pas con-*

Aug. lib. 1. *contra
Iulian. cap.* 2.
Alia sũt in quibus
inter fe aliquando
etiam doctiffimi
atque optimi re-
gulæ Catholicæ
defenfores, faluâ
fidei compage non
confonant, & alius
alio de vna re me-
lius aliquid dicit
& verius, hoc au-
tem vnde nunc
agimus, ad ipfa fi-
dei pertinet funda-
menta.
Aug. ep. 56. *ad Bo-
nif. militem.*
Ecclefia Chrifti

non litigiosis opinionibus fingitur, sed diuinis attestationibus comprobatur.

struite ou formée de sentimens litigieux & controuersez, mais elle est appuyée sur des témoignages diuins.

Ces choses supposées, ie dis que le discours que fait Mr Arnauld dans son second écrit, contre le sentiment particulier de quelques Thomistes, touchant le sens & l'explication du mot de grace *suffisante*, est vne chose du tout impertinente & hors de propos. Car il fait vn Sophisme pour induire les simples en erreur, passant tout d'vn coup de la doctrine de l'Ecole à la doctrine de la foy, & confondant les deux ensemble ; car la doctrine de la foy ou de l'Eglise, dans le sacré Concile de Trente, pour expliquer la grace de Iesus-Christ, *qui selon ce Concile, ne manque iamais au iuste, si le iuste premierement ne manque à Iesus-Christ & à sa grace,* ne se sert iamais des termes de *suffisante & d'efficace*, mais elle les abandonne aux Docteurs de l'Ecole, pour s'exercer & expliquer leurs sentimens & leurs opinions particulieres, ainsi que bon leur semblera. Tellement que pour estre Catholique, il suffit de dire auec l'Eglise dans le point que nous traittons, que le iuste a par la grace de Iesus-Christ, le pouuoir parfait, accomply & prochain, ou de demander, ou de faire, c'est à dire ou d'accomplir le precepte, ou de demander la grace requise & necessaire pour accomplir le precepte, dans le temps mesme qu'il tombe ; ce qui fait dire deux choses aux Peres de ce Concile.

Trident. sess. 6. cap. 11. Deus impossibilia non iubet.

La premiere est, que *Dieu ne commande pas des choses impossibles,* (ce qui toutefois seroit faux, si le iuste parfois n'auoit pas par la grace, le pouuoir prochain d'accomplir le precepte, ou de demander à Dieu cette grace par sa priere, ainsi que Mr Arnauld le pretendoit faussement) mais *qu'en commandant il t'auertit de faire ce que tu peux, &*

Sed iubendo monet & facere quod possis, & petere quod non possis, & adiuuat vt possis.

de demander ce que tu ne peux pas, & Dieu t'aide, dit ce Concile, *afin que tu le puisses.*

Le S. Concile fait icy vne difference entre ce que nous pouuons, & ce que nous ne pouuons pas encore à l'égard de l'accomplissement du precepte ; à l'égard de ce que nous ne pouuons pas encore, si ce n'est seulement par l'entremiſe de la priere, qui eſt vn pouuoir mediat & non pas vn pouuoir prochain, le Concile dit ſimplement que nous ne pouuons pas, pour nous apprendre que quand il dit que nous pouuons, & *que Dieu nous auertit de faire cela meſme que nous pouuons*, il nous marque vn pouuoir immediat & prochain, & non pas vn pouuoir mediat ou éloigné.

Il faut donc auouër, que la doctrine de l'Egliſe eſt, que le iuſte a touſiours le pouuoir prochain de faire ou de demander ; c'eſt à dire d'accomplir le precepte, ou de demander la grace neceſſaire pour accomplir le precepte, auquel cas Dieu la luy donne, afin qu'il puiſſe accomplir le precepte, lequel auparauant luy eſtoit prochainement impoſſible.

La ſeconde eſt, que ce Concile *defend à tous fideles d'vſer iamais de cette façon de parler temeraire & interdite par les ſaints Peres ; Les preceptes Diuins ſont impoſſibles à l'homme iuſte*, qui eſt la maniere de parler, dont ſe ſert Mr Arnauld. Car s'il eſt vray, comme dit ce Sophiſte autrefois Docteur de Sorbonne, que *la grace, ſans laquelle on ne peut rien, manque parfois au iuſte*, il faut pour lors que le iuſte ne puiſſe ny accomplir le precepte, ny prier & demander comme il faut la grace requiſe pour accomplir le precepte ; auquel cas le precepte eſt impoſſible à l'homme iuſte ; ce qui eſt heretique. Donc pour parler en Catholique, il faut dire auec les Docteurs Catholiques, que le ſens des paroles du S. Concile de Trente, eſt que le iuſte a le pouuoir parfait, accomply & prochain, de faire ou de demander, c'eſt à dire d'accomplir le precepte, ou de demander à Dieu par ſa priere la grace requiſe pour accomplir le precepte : voilà quelle eſt la doctrine de l'Egliſe ſur ce point.

Et afin qu'on ne puiſſe douter que la doctrine du Saint Concile de Trente eſt, que le iuſte a touſiours le *pouuoir prochain* de faire ou de demander, il me ſuffira de rapporter icy les paroles de la ſentence du meſme Concile, formée de deux membres, dont le premier eſt contenu dans

Trident. ſeſſ. 6. *cap.* 11.
Nemo temeraria illa, & à Patribus ſub anathemate prohibita voce vti, Dei præcepta homini iuſtificato ad obſeruandum eſſe impoſſibilia.

ces paroles, *En commandant Dieu t'auertit de faire ce que tu peux ;* le second est en ces termes, *& de demander ce que tu ne peux pas encore.*

Car à l'égard de ce second membre tous demeurent d'accord, que le Concile entend que l'homme par la priere peut obtenir le *pouuoir prochain* d'accomplir le precepte; & bien qu'à l'égard du iuste qui demande à Dieu la grace de pouuoir accomplir vn precepte, qui luy est difficile, on puisse dire qu'il a le pouuoir mediat d'accomplir ce precepte, c'est à dire qu'il peut par l'entremise de sa priere, qui ne durera peut-estre qu'vn moment (puisqu'vne ardente éleuation du cœur à Dieu, qui est vne priere, se peut faire en vn moment) qu'il peut, dis-ie, accomplir le precepte; si est-ce que ce moment ou cet entredeux imperceptible, qui se trouue entre le pouuoir de ce iuste & l'accomplissement du precepte, fait que le Concile dit, que le iuste en cet estat ne peut pas accomplir le precepte, mais seulement qu'il peut prier; pour nous monstrer par cette façon de parler, que le iuste dans cette hypothese n'a pas encore le *pouuoir prochain* & immediat d'accomplir le precepte.

D'où il s'ensuit à l'égard du premier membre de la mesme sentence cy-dessus alleguée, que lors que le Concile dit que *Dieu en commandant t'auertit de faire ce que tu peux,* il entend que ce pouuoir est prochain & immediat à l'égard de ce precepte; de mesme que le pouuoir du iuste dans le second membre, n'est prochain qu'à l'égard de la priere seulement; & supposé qu'il prie, Dieu pour lors luy octroye la grace de pouuoir prochainement accomplir le precepte, selon ces paroles suiuantes, *Et Dieu t'aide afin que tu le puisses.*

Il est donc éuident que ce Concile ne dit iamais, parlant du iuste, qu'il a le pouuoir d'accomplir le precepte, qu'il ne l'entende du *pouuoir prochain* & immediat, puisque lors que le pouuoir n'est que mediat, ou qu'il se trouue seulement vn moment de distance entre la puissance de l'homme & l'accomplissement du precepte, ce Concile

cile ne dit pas que l'homme peut , mais il dit qu'il ne peut pas accomplir le precepte, quoy qu'il ait le *pouuoir prochain* de prier , & d'obtenir par la priere le *pouuoir prochain* d'accomplir le precepte.

Mais pour combattre noftre Aduerfaire auec plus de gloire pour nous , & plus de confufion pour luy, feruons nous de fes propres armes pour le reduire à la raifon , & luy monftrer que dans les principes de Ianfenius (que Mr Arnauld a fouftenus dans fon *Apologie* pretenduë des faints Peres) le Concile de Trente ne dit point que le iufte puiffe vne chofe, qu'il n'entende fous ce terme de *Pouuoir*, le pouuoir *prochain* ; Car ce Concile , comme il a efté dit, entreprend de prouuer que *les commandemens ne font pas impoßibles à l'homme iuftifié.*

Or Ianfenius & Mr Arnauld , qui font trois degrez de poffibilité, l'vn éloigné qu'ils attribuent au libre Arbitre, l'autre moins éloigné qu'ils donnent à la Foy & à la Charité, l'autre prochain qu'ils donnent à la Grace efficace, & qu'ils difent eftre infeparable de l'action, foûtiennent qu'il n'eft pas moins impoffible à l'homme d'accomplir le precepte, auec les deux premieres poffibilitez, fans la troifiéme, qu'il eft impoffible à l'oyfeau de voler fans aifles.

D'où il s'enfuit que felon leurs principes, quand le S. Concile de Trente dit que le iufte peut faire ou demander, il entend neceffairement que ce pouuoir eft *prochain;* Car s'il entendoit parler du pouuoir éloigné, ou du pouuoir moins éloigné, tant s'en faut que ce Concile prouuaft que les preceptes font poffibles au iufte, qu'il prouueroit tout le contraire, au fens de Ianfenius & de Mr Arnauld , & ne concluroit autre chofe finon, que les preceptes ne font pas moins impoffibles au iufte, qu'il eft impoffible à l'animal de voler fans aifles, ce qui eft heretique; donc Mr Arnauld eft heretique en ce point, felon la regle de fes propres principes.

C'eft ce que ie demonftre par ce dilemme : car le Concile entend fous ce terme pouuoir, le *pouuoir prochain;* ou

N

il entend quelque pouuoir autre que le *prochain* : s'il entend le *prochain*, Mr Arnauld eſt heretique ; car ce Sophiſte dit que *parfois le precepte eſt impoſſible à l'homme iuſte, & qu'il n'a pas le pouuoir prochain de l'accomplir.* Si au contraire le Concile entendoit parler d'vn pouuoir autre que le prochain, (tel qu'eſt l'éloigné ou le moins éloigné) il prouueroit que le precepte eſt impoſſible au iuſte, ſelon Ianſenius & Mr Arnauld, ce qui eſt faux ; car ce Concile condamne cette propoſition d'hereſie : d'où il s'enſuit que Mr Arnauld eſt heretique, & condamné par ſes propres principes ; car il faudroit dire pour lors, ſelon la doctrine du Ianſeniſme, que *les preceptes ſont impoſſibles à l'homme iuſte* : Or c'eſt cela meſme que ce Concile condamne d'hereſie, dans le Canon 18. de la Seſſion ſixiéme ; donc il eſt éuident que Mr Arnauld eſt heretique en ce point, & que la doctrine de l'Egliſe eſt que le iuſte a touſiours le *pouuoir prochain* de demander ou de faire.

C'eſt ce que croyent tous les Thomiſtes auec les autres Catholiques, donc tous les Thomiſtes ſont Catholiques : Et au contraire Mr Arnauld dit que le iuſte parfois n'a pas le pouuoir prochain de demander ou d'accomplir le precepte ; donc Mr Arnauld eſt oppoſé au ſentiment commun des Docteurs Catholiques, dans vne choſe de foy.

Et ſuppoſé d'ailleurs que le ſentiment de quelques Thomiſtes dans l'explication de ces termes, *ſuffiſante* ou *efficace*, euſt quelque choſe d'abſurde, ce qui n'eſt pas, car ils ſçauront fort bien s'en defendre ; ie ſouſtiens que cette queſtion eſtant *vne choſe hors des fondemens de la foy* (comme parle Saint Auguſtin) on ne peut pas en inferer aucune choſe, qui puiſſe exempter ou affranchir Mr Arnauld de l'hereſie, dont il eſt condamné par la Cenſure des Docteurs de la Faculté de Paris ; & qu'en ſuite la proteſtation de nullité qu'il a faite contre cette Cenſure, n'eſt qu'vn ſimple acceſſoire, qui adiouſte à ſa qualité d'heretique, celle de Proteſtant.

D'où il paroiſt que la raillerie que fait Mr Arnauld ſur le terme de *suffisante* expliqué dans le sens particulier de quelques nouueaux Thomistes, n'estoit qu'vne ruse pour surprendre le peuple, & luy donner à penser faussement, que dans le point de foy dont il est question, les Catholiques sont diuisez entre eux ; & qu'ainsi Mr Arnauld pouuoit estre pareillement diuisé & contraire au sentiment commun de l'Eglise, sans estre pour cela heretique; mais à la suite des choses que nous auons expliquées, il est éuident qu'on ne peut adherer au mauuais sentiment de ce Sophiste, sans estre heretique comme luy.

La seconde chose remarquable qui nous reste à examiner dans cette Lettre, est la Parabole dont il se sert, lors qu'il introduit auprés d'vn malade vn Medecin Iansenifte auec deux autres Medecins, qui se trouuent vnis pour exclure ce Medecin Iansenifte, lequel n'est autre à vray dire que Mr Arnauld trauefty en Charlatan, pour contrefaire le Medecin charitable. Car depuis qu'il s'est veu dépouïllé de la qualité de Docteur de Sorbonne, & priué de tous ses droits & de ses priuileges, il essaye de tenter s'il ne sera point plus heureux en representant ce nouueau personnage, qu'il n'a pas esté sous les autres qu'il a iouez, depuis qu'il s'est declaré ouuertement contre l'Eglise. Car il a fait le *Protestant* dans l'acte qu'il a publié dans Paris contre la condamnation de son erreur & de sa personne : Il a ioüé depuis le personnage de *Gazetier*, dans le dessein qu'il a pris d'entretenir les Prouinces des nouuelles de ses emportemens, qui grossissent de iour en iour : Il fait à present celuy de *Medecin* , mais d'vn *Medecin parabolique* qui regarde attentiuement son malade , & qui pour tout Aphorisme, n'a que celuy-cy dans sa male; Vous estes blessé Monsieur, ie le vois bien, or tout ce que ie vous puis dire, est que si Dieu veut il vous guerira de vos playes, & vous ne l'en pouuez pas empescher; car quel est celuy qui luy resiste ? mais s'il ne veut pas vous guerir, vous ne guerirez iamais : c'est là tout l'appareil que ie puis apporter à vos playes. O le grand Medecin ! Et quel est le malade qui n'ait suiet en suite de se faire apporter ſa caſſette, d'ouurir ſon coffre fort, & mettre tous ſes effets entre les mains de ce grand perſonnage, pour le recompenſer de cet auis ſi ſalutaire, & de ce remede incomparable, ainſi qu'ont fait tant d'autres malades dans Paris & ailleurs, qui ne s'en portent pas mieux à preſent, qu'en ce qu'ils ſe ſont vn peu trop allegez de finances.

Quoy qu'il en ſoit, ie dis deux choſes pour répondre à cette belle parabole. La premiere eſt, que Mr Arnauld a imité en cela les heretiques Albigeois, contre leſquels l'Eueſque de Tude en Eſpagne a tant écrit; *Les Heretiques ennemis de la Verité* (dit ce docte Prelat) *ſe ſeruent de differens artifices occultes & cachez, pour déchirer les oüailles de Ieſus-Chriſt, & lors que par les voyes ordinaires ils ne peuuent pas arriuer à leur but, ils propoſent des choſes importantes ſous le narré de quelque Parabole, ou de quelque hiſtoire feinte comme eſt celle-cy; Deux hommes marchoient dans vn meſme chemin, &c. Mais bien que ces choſes ſemblent eſtre de peu de conſequence, & comme de rien, ſi eſt-ce toutefois qu'elles ne doiuent pas eſtre negligées ny paſſées ſous ſilence, parcequ'elles ſcandaliſent les ſimples d'entre le peuple, les induiſent en erreur & font perir des ames, pour le ſalut deſquelles Ieſus-Chriſt eſt mort ſur la Croix.* C'eſt ce qu'en dit l'Eueſque de Tude, & ce que i'ay creu deuoir obſeruer, afin que Mr Arnauld fiſt quelque attention ſerieuſe ſur ſon nouueau procedé.

La ſeconde eſt, que dans la Parabole de ce Sophiſte, le Medecin Ianſeniſte s'eſtant retiré, & le malade demandant s'il n'y auoit point d'autres Medecins que ce Parabolique, dont il puſt receuoir quelque ſecours, & recouurer la ſanté par l'application de leurs remedes; on luy amene deux autres Medecins *ſuffiſans* & capables, qui auoient fait profeſſion de leur art dans vne autre Vniuerſité, que ce premier Medecin *inſuffiſant;* car c'eſt ainſi qu'il ſe nommoit. Le malade leur dit qu'il auoit deſia conſulté vn certain Medecin, qui luy auoit dit que ſi Dieu vouloit il le gueriroit, & que ſi Dieu ne vouloit pas le guerir il ne gueriroit iamais.

Il a raiſon, luy repliquerent les deux Medecins d'vn

commun accord, mais ne vous a-t-il rien dit dauantage?
Il m'a dit, leur replique le malade, que ie le demande à
Dieu; Il a bien fait, luy dirent-ils, de vous parler de la
forte; mais en cela il a parlé contre ses propres Aphorifmes, qui portent en termes exprés, qu'on ne peut prier
Dieu fans vne grace efficace, que Dieu ne donne pas à
tous malades, ny mefme parfois au iufte qui eft en bonne
fanté; que celuy auquel Dieu la donne, prie neceffairement; & que celuy qui n'a pas cette grace, ne peut pas
prier; d'où vient que felon fes maximes, il ne vous eft pas
moins difficile de prier que de guerir : Ce qui eft tres-
faux, car tous peuuent recourir à Dieu, qui eft fi bon & fi
mifericordieux, qu'il veut par la priere guerir les malades,
qui ont recours à luy, & qui fe confient en fa grande bonté.
Demandez donc à Dieu qu'il luy plaife par fa bonté & par
fa grande mifericorde de vous affifter & de vous fecourir,
car vous le pouuez, priez le auffi de benir nos remedes,
pour foulager voftre infirmité, pour vous rendre vos forces, & vous guerir entierement par le bon vfage que vous
ferez de l'affiftance de Dieu, & de l'application de nos remedes. Car bien que Dieu foit celuy feul qui gueriffe &
qui donne accroiffement à la fanté, fi eft-ce qu'il a eftab-
bly fur la terre des Miniftres ou des Medecins fpirituels
qui plantent & qui arrofent, c'eft à dire qui contribuans
leurs foins & leurs remedes aux deffeins de Dieu, la gueri-
fon du malade s'enfuit, & fe perfectionne par cette voye.

Mais ce qui doit vous donner plus de confiance au confeil que nous vous donnons, eft que le premier Medecin
que vous auiez appellé, a efté contraint de renoncer aux
principes & aux aphorifmes de fon Ecole, pour fe feruir
des noftres auprés de vous, de crainte de paffer dans
voftre eftime pour vn fol & pour vn ridicule.

Car s'il vous euft traité felon fa fauffe doctrine, il ne
vous auroit pas confeillé de demander à Dieu qu'il vous
gueriffe, ce confeil eftant inutile dans fes propres principes : Que m'auroit-il donc dit, leur replique le malade?
il vous auroit (repartent ces Medecins) tenu ce beau

langage, Monſieur vous deuez eſtre aſſeuré que Dieu vous donnera la grace de prier, ou qu'il ne vous la donnera pas; s'il vous la donne, vous prierez; s'il ne vous la donne pas, vous ne prierez point. Vous iugez qu'au premier cas vous prierez neceſſairement, donc il eſtoit inutile de vous donner ce conſeil; au ſecond il eſtoit encore plus inutile; car ſi Dieu ne vous donne pas la grace à laquelle on ne reſiſte point, vous ne prierez iamais, ce qui fait que ce conſeil eſt ſuperflu. Certes le conſeil de cet homme, dit le malade, n'eſt pas trop conſolant.

Vous voyez donc, Monſieur, luy dirent ces Medecins, que s'il vous auoit parlé dans les regles de ſa doctrine, il ne vous auroît pas donné ce conſeil, lequel il auoit emprunté de la noſtre, pour ne point paſſer pour vn extrauagant dans la penſée de ſes malades: mais il vous auroit dit, Laiſſez faire Dieu, & ne vous mettez pas en peine du reſte; car s'il veut que vous le priez, il vous donnera la grace de prier, laquelle on ne peut pas reietter; ou s'il vous la refuſe, (car parfois il la refuſe au iuſte qui voudroit bien prier) en ce cas vous ne prierez point, & ne guerirez iamais.

Mais, Monſieur, ces maximes ſont tres-abſurdes & tres-fauſſes; car Dieu donne touſiours aux gens de bien le pouuoir de prier, & meſme de guerir de leur infirmité, s'ils veulent vtilement ſe ſeruir de ce pouuoir & n'en pas abuſer; & ne doutez nullement que l'experience ne vous faſſe voir clairement que ce n'eſt pas ſans raiſon, que vous auez exclu de chez vous ce Medecin inſuffiſant, dont la manie & les extrauagances ſont paruenuës à tel excés, qu'elles nous ont obligé depuis peu de le bannir pour iamais de noſtre Faculté, de le priuer du droit de ſe trouuer deſformais dans nos grandes Aſſemblées, & meſme de le rayer du Catalogue des Medecins, tant il eſt impertinent. Mais ayez bon courage, ſeruez vous de nos remedes dans vne parfaite confiance, qu'auec la miſericorde de Dieu ils vous ſeront vtiles; & nous vous aſſeurons que ſans frais ils gueriront vos bleſſures, & vous reſtabliront dans voſtre premiere ſanté; ainſi qu'il arriua.

SECTION VI.

Sixiéme Confideration fur la Lettre d'vn Bachelier, ou pluftoft fur le confeil qu'vn Docteur Ianfenifte donne à vn Bachelier pour le diffuader de figner la Cenfure de Sorbonne.

'HISTOIRE fabuleufe ne remarqua iamais tant de changemens & de figures differentes dans le Prothée des Poëtes, que l'Hiftoire veritable de ce qui fe paffe tous les iours dans l'herefie du Ianfenifme, nous en découure en la perfonne de Mʳ Arnauld, depuis que la Faculté de Paris l'a dépouïllé de la qualité de *Docteur de Sorbonne.* Nous l'auons veu contrefaire le Gazetier dans vn commerce iournalier de Lettres, qu'il adreffe à vn Prouincial, pour l'informer de l'eftat de fes affaires, qui font affez mal en ordre.

Nous l'auons veu cy-deffus Empirique ou Medecin parabolique, qui pour n'eftre pas encore affez exercé dans fon art, ordonne de bonne foy des remedes contraires à fes propres Aphorifmes.

Nous le voyons maintenant dans l'écrit que nous examinons, faire office non pas proprement de Docteur, mais de General d'armée, qui voyant toutes fes troupes en déroute, s'efforce de les rallier, & de faire tout deuoir de bon Capitaine. Car d'abord il s'eftoit ietté dans l'efcadron de fes Docteurs qu'il auoit veu branler, pour leur donner du cœur par fes exploits & par fa hardieffe ; mais voyant qu'ils défiloient péu à peu, & luy tournoient le dos, pour s'enrooller dans le party qui luy eſt oppoſé, comme ils ont fait, à la reſerue d'vn tres-petit nombre, il court à l'eſcadron des Bacheliers pour voir s'il pourra les raſſeurer, & leur perſuader par ſes eloquentes raiſons, qu'ils doiuent tourner viſage, & faire ferme contre ſes ennemis; c'eſt à dire contre l'armée de l'Egliſe, qui ſont le Pape, les Eueſques, les Docteurs, & le peuple fidele.

Mais ce nouueau Capitaine eſt ſi malheureux, que quelque generoſité qui paroiſſe dans ſes yeux & ſur ſon viſage, quelque ſueur qui luy nage ſur le front, quelque ſoin qu'il ait d'encourager les ſiens par ſa preſence dans le plus fort du combat, & quelque eloquence qu'il employe pour les raffermir, il ne peut pas empeſcher que ces braues ne le quittent, & ne l'abandonnent par leur propre ſignature.

Quoy qu'il en ſoit, cette façon d'agir ſi variable & ſi changeante en la perſonne de Mr Arnauld, ne nous doit pas eſtonner, ſi nous en croyons S. Athanaze. La raiſon que nous en donne ce S. Pere, eſt que *l'hereſie eſtant fauſſe, elle eſt touſiours inconſtante & variable.* Cette inconſtance ne s'eſtoit deſia renduë que trop remarquable dans les contradictions de Mr Arnauld, rapportées dans la *Réponſe* que i'ay faite à ſa *ſeconde Lettre*, & ſpecialement dans ſes deux Proteſtations côtradictoires, l'vne de l'année 1644. & l'autre de cette année 1656. ſans qu'il fuſt neceſſaire qu'il aiouſta à l'inconſtance de ſes erreurs & de ſa foy, celle des differens perſonnages, ſous leſquels il ſe traueſtit & ſe produit de iour en iour ſur le Theatre de l'Egliſe. Où ſi parmy tant de titres & de nouuelles qualitez, il veut encore ſe conſeruer celle de Docteur, certes quelque complaiſance que nous ayons pour luy, on ne pourra plus luy donner que la qualité *de Docteur contradictoire.*

Mais voyons ſi les raiſons qu'il allegue en qualité de Docteur, pour perſuader aux Bacheliers de la Faculté de Theologie de Paris, de ne point ſigner la Cenſure, ſont des raiſons receuables. Car cet écrit compoſé de prés de trois feuïlles, ſe reduit à vn Sophiſme qui ne conclud

rien

rien du tout à l'auantage de Mr Arnauld, mais qui au contraire le condamne manifeftement, tant il eft iudicieux.

La maieure de cet argument ou de ce Sophifme, eft
qu'il faut pluftoft fouffrir la mort que de foufcrire à la
condamnation de quelque verité de la Foy. C'eft ce que
prouue Mr Arnauld par l'exemple de quelques Saints,
qui preffez par les heretiques, ont mieux aimé fouffrir la
peine de l'exil, & la mort mefme, que de foufcrire à la
condamnation des veritez de la Foy. Cette verité eft con-
ftante, nous en demeurons d'accord, nous fommes prefts
de la figner de noftre propre fang, & pour la prouuer
nous pourrions luy fournir autant de témoins qu'il y a eu
de Martyrs, de Confeffeurs, & de Docteurs dans l'Eglife.

Cette Propofition ayant efté eftablie par Mr Arnauld,
il fait vne confequence captieufe & fophiftique ; car il
fupprime la mineure, qui eftoit celle-là feule qu'il importoit de prouuer, & conclud que les Bacheliers ne doiuent pas figner la Cenfure de Sorbonne. Redreffons donc
cet argument, & donnons-le en bonne forme, pour voir
fi Mr Arnauld eft vn bon Philofophe qui prouue bien ce
qu'il auance. Le voicy dans fa forme.

Il faut pluftoft mourir que de foufcrire à la condamnation des veritez de la Foy : Voilà la maieure. Or il eft
indubitable que c'eft foufcrire à la condamnation des veritez de la Foy, que de foufcrire à la Cenfure de Sorbonne, qui condamne Mr Arnauld d'herefie. Voilà la mineure, laquelle eft niée par le Pape, par les Euefques de
France, par les Docteurs de la celebre Faculté de Paris,
& par tous les fideles, & laquelle toutefois Mr Arnauld
a obmis de prouuer. Excufez s'il vous plaift ce defaut de
memoire, ou cette omiffion, car elle procede en fa perfonne d'vne certaine impuiffance, dont il ne guerira iamais.

Iugez maintenant fi le Bachelier, auquel il adreffe fon
pacquet, ne doit pas eftre fortement conuaincu de ne
point figner la Cenfure. Et cependant les ignorans, qui
ne font pas capables de repouffer le voile que Mr Arnauld
leur iette fur les yeux, prouuant fans neceffité vne chofe

O

qui n'eſtoit contredite de perſonne , & omettant de prouuer ce qu'il importoit d'établir par de fortes & de ſolides raiſons, ſe laiſſent tromper & ſeduire à vn eſtalage de paroles pompeuſes, qui leur chatouïllent l'oreille.

C'eſt ainſi que Mr Arnauld l'a touſiours pratiqué dans ſes liures auec ſa modeſtie ordinaire, laquelle il continuë dans cet écrit volant, où il compare ſon humilité, ſa foy, ſon zele, & ſa perſonne à Eleazar, à Ioſué, à Elie, à Daniel, à S. Hilaire, à Eleuſe & Syluain Eueſques, à S. Euſebe de Verſeil, à S. Iean Chryſoſtome, à S. Eſtienne, & aux autres Eueſques d'Egypte ; & compare le Pape, les Eueſques, & les Docteurs qui ont condamné ſa doctrine, à ceux qui violoient la loy par l'vſage des viandes defenduës, aux Iuifs qui abandonnoient la loy de Dieu, aux faux-Prophetes, aux Iuges de Suzanne, aux Eueſques Arriens, à ceux qui par vn eſprit d'iniuſtice depoſerent S. Chryſoſtome, aux Iuifs qui perſecutoient les Chreſtiens, & à ceux qui vouloient violer les droits de quelque Egliſe particuliere.

Mais quel eſt celuy d'entre nous qui auroit pû preſumer, que les Docteurs du Port-Royal, que Mr Arnauld dans ſa *premiere Lettre* diſoit eſtre *des perſonnes d'vne condition toute d'humilité & de modeſtie, dont la vie eſt toute de retraite & de ſilence, qui ſçauent s'humilier ſous le Vicaire de Dieu, des perſonnes de vertu & de probité irreprochable, qui ſont les venerateurs du S. Siege, les vrais Enfans de l'Egliſe Catholique, les plus orthodoxes, les plus pieuſes, & les vrais Enfans de la paix,* deuſſent traitter auec tant d'outrage le Pape, les Eueſques, les Docteurs, & tous ceux qui approuuent la condamnation de l'hereſie que Mr Arnauld auoit auancée dans ſa *ſeconde Lettre ?* Aprés tout, ces belles fleurs ne ſont encore qu'en bouton, iugez quelle en ſera l'odeur & la vertu, lors qu'elles ſeront épanoüyes & proches de leur fruit ; ſi vous en voulez ſçauoir des nouuelles, conſultez nos *Inconueniens d'Eſtat.*

SECTION VII.

Septiéme Confideration fur la troifiéme Lettre adreßée à vn Prouincial.

Es Ecrits precedens nous ont fait voir M. Arnauld fous l'habit de differens perfonnages. Et bien que le precedent nous l'ait reprefenté fous la qualité de Capitaine, laquelle ne fied pas mal à celuy qui fait eftat de chocquer l'armée foudroyante de l'Eglife; il fe trouue toutefois fi haraffé & fi recreu des foins & des trauaux, qu'il a fi inutilement employez pour retenir dans fon camp les efcadrons de quelques Docteurs & Bacheliers qui l'ont enfin abandonné, que pour fe délaffer & foulager fon ennuy auec ceux qui luy reftent, quoy qu'en tres-petit nombre, il s'auife dans cette troifiéme Lettre de monter fur le Theatre, & de faire le Comique fous la reprefentation d'vn Hermaphrodite, qui pour fuiet de fon entrée s'eft propofé d'annoncer les eloges, & les loüanges incomparables que merite M. Arnauld dans fes deux premieres gazettes.

Il fe découure d'abord fous le fexe viril comme le plus honorable, pour fonner à fon de trompe, que les deux Lettres precedentes, que nous auons cy-deffus examinées, *ont efté fort eftimées par les Theologiens* (il veut dire les Theologiens des Vniuerfitez du Port-Royal, de Charenton & de Geneue,) & pour fe plaindre de ce que la Sorbonne ne veut pas fe foufmettre à *la iurifdiction de l'Academie Françoife;* Car fi cela eftoit, l'Auteur des Lettres feroit content, & la Sorbonne cenfurée. Certes quand il auroit entrepris de fe rendre ridicule, il n'en diroit pas

O ij

dauantage. Mais de ſçauoir s'il eſt autoriſé en cela de Meſſieurs de l'Academie , c'eſt ce que les Sages ne croyent point. Et l'on ſçait aſſez que qui n'a pour caution que les paroles de ce Sophiſte, court fortune de n'auoir pour aſſeurance de ſa debte qu'vn garent inſoluable.

Quoy qu'il en ſoit , il paroiſt en ſuite en vn moment , & ſans aucun changement de Theatre ou de Scene , ſous vn viſage feminin, coquet, poudré , muſqué , & ſi mignard , que l'Aſſemblée eſt toute ſurpriſe de ce ſoudain changement. Et comme les loüanges des Dames ont quelque choſe de plus charmant & de plus delicat que celles des hommes, cette mignonne ioignant le ſon de ſa voix à celuy des paroles , produit vne ſi douce harmonie dans le recit des eloges miraculeux, qu'elle donne à l'Auteur de ces belles gazettes , que peu s'en faut que toute l'aſſiſtance n'en demeure pâmée.

Mais quoy : Mr Arnauld eſt d'vn gouſt ſi rafiné & tellement accouſtumé à ſe nourrir de loüanges, car il eſt tout eſprit, que ſi l'on ceſſe tant ſoit peu d'encenſer l'autel de ſon merite, il prend luy-meſme l'encenſoir à la main pour en faire l'office ſous le perſonnage d'vne Dame, qui entreprend de cenſurer *la Cenſure cenſurable* de Sorbonne, par vne *cenſure innocente*, & de fulminer anatheme contre tous ceux qui ne ſont pas de l'auis de Mr Arnauld.

Aprés tout , auoüons franchement que nous euſſions eſté bien ſurpris, ſi ce Sophiſte ſe fuſt oublié de s'aſſocier quelque Dame dans le deſſein qu'il a de maintenir ſon hereſie, & de l'inſinuer dans le peuple. Car vn ſecond de cette qualité a touſiours eſté aſſez ſoigneuſement recherché par les autres heretiques ; ce qui ne leur a pas mal reuſſi , témoins Simon le Magicien qui n'abandonnoit point ſon Helene ; Apelles auec ſa Philomene, laquelle, ie m'aſſeure, ne chantoit point ſi melodieuſement, que la Dame qui nous a cy-deſſus entonné les loüanges de Mr Arnauld ; Montanus auec Priſcilla & Maximilla, qui eſtoient Dames de qualité, belles, riches, & de credit ; Enfin Marcion , Arius , Donat, Priſcillian , & tant d'au-

tres Heretiques, ont toufiours ioint les charmes fi naturels à la femme, à ceux de l'adreffe & de l'eloquence dont
ils fe font feruis, pour corrompre les peuples & les induire en erreur.

C'eft là ce qui fe remarque dans la premiere partie de
cet Ecrit, qui a pour titre, *Réponfe du Prouincial aux deux
premieres Lettres de fon Amy*, & qui pour marque d'vne
victoire affeurée dans le Party nouueau, animé & en-
couragé par le chant de cette Syrene; entonne ces paroles, *que la Cenfure vienne quand il luy plaira, nous fommes
fort bien difpofez à la receuoir?*

La feconde partie de cet Ecrit, qui porte le nom de
Troifiéme Lettre écrite à vn Prouincial, eft bien l'vne des
plus fauffes gazettes, qui foit encore fortie de l'Impri-
merie du Port-Royal, (car ces Meffieurs ont tous leurs
Officiers qui les fuiuent & les accompagnent par tout à la
mode des Princes) autant de nouuelles qu'elle debite,
ce font autant de menfonges & de fauffetez; Il dit qu'il
n'y a point de difference entre la Propofition cenfurée,
& les textes des Peres par luy citez, ce qui eft tellement
faux, qu'il n'a iamais ozé répondre aux écrits imprimez
durant l'examen de fa Propofition heretique, qui ont
manifefté pleinement cette infigne fauffeté; Et fi ces
écrits, & entre autres celuy du R. Pere Nicolaï, n'eftoient
entre les mains de tous, & ne iettoient Mr Arnauld dans
la derniere confufion, il auroit quelque pretexte.

Mais la honte n'eft plus capable de l'aborder, tant il l'a
rebutée & mal traitée par fes extrauagances; Et comme il
pourroit eftre pris fur le fait, & conuaincu de fauffeté s'il
citoit les auteurs, dont il fait mine de traduire quelques
paffages, il en fupprime les textes Latins, les liures, & les
chapitres, par le priuilege fpecial qu'il s'eft acquis depuis
fon retranchement de Sorbonne, de donner fa parole
pour vne verité fi certaine, que perfonne n'a plus fuiet
de s'en défier, ou de la reuoquer en doute, depuis que
l'impreffion l'a renduë publique & manifefte; *Les Peres,*
dit-il, *nous monftrent vn iufte en la perfonne de S. Pierre,*

& Saint Augustin l'a dit en mots propres.

Ce font là les paroles de cet illuftre fourbe, conuaincu de prefque autant de menfonges dans fes écrits, qu'il y a d'autoritez alleguées, & qui pour faire croire qu'il n'eft pas fi coupable que fes aduerfaires le publient, dit *qu'on n'a trouué dans fes Ouurages que trois lignes à reprendre;* mais qui lira *la Cenfure* de la Faculté, trouuera qu'elle porte en termes exprés, que les fix Examinateurs *rapporterent à l'Affemblée generale de la Faculté, qu'entre les autres chofes qu'ils auoient trouué dans la feconde Lettre de Monfieur Arnauld, tres-dignes d'eftre cenfurées, ils y en auoient principalement remarqué quelques-vnes, qui pour plus grande briefueté fe pouuoient reduire à deux chefs.*

Ce font les termes de la *Cenfure* traduite; donc il eft faux que les Docteurs n'ayent trouué dans la *feconde Lettre* de Mr Arnauld que *trois lignes à reprendre*, puifque les erreurs, dont nous l'auons conuaincu dans la *Réponfe à fa feconde Lettre*, fe trouuent comprifes dans les chofes que la Faculté a declarées eftre *tres-dignes de cenfure* dans la doctrine de Mr Arnauld. Ce qui toutefois n'a pas empefché ce Sophifte de continuer à fe louër hautement dans cette *troifiéme Lettre*, & de contrefaire le rodomont, qui *par des volumes entiers*, à ce qu'il dit, *accable* fes aduerfaires, *à la moindre parole qui leur échappe* de la bouche.

O le mauuais garçon! mais il fait fort bien de le dire, car quant à moy ie n'ay pas grand fuiet de le croire, puifque de tous les liures qui ont paru contre luy auec quelque force & vigueur, ce Braue, ce Capitan, dont le fang eft fi bouïllant, qu'il ne peut pas fe contenir dans fon harnois, a toufiours gardé le filence, qui fans doute luy auroit efté plus honorable & plus auantageux, que les impertinentes faillies qu'il fait paroiftre à toute heure, fous tant de mafques empruntez.

Mais ie veux que fa veine feconde produife tous les iours quelque piece nouuelle pour fomenter fes errreurs, & pour inuectiuer contre les Docteurs Catholiques; quel auantage peut-il fe promettre de cette production monſtrueuſe? Eſt-ce qu'il ſe perſuade que la diſpute ſe decidera par le nombre des liures, & que celuy qui aura publié vn plus grand nombre d'ouurages pour la defenſe de ſon opinion, ſera le plus Catholique? Qu'il ſçache donc & qu'il apprenne de S. Vigile Eueſque de Trente, écriuant contre l'heretique Eutyches, que *quand meſme nous n'aurions fait aucun ouurage contre les* Ianſeniſtes, *pour la deſtruction de leurs erreurs, c'eſt aſſez qu'ils ont eſté declarez heretiques, & cela ſeul ſuffiroit pour la ſeureté des Fideles.*

S. Vigil. Mart. lib. 1. contra Eutych. Etiam ſi in errotis eorum deſtructionem nulli conderentur libri, hoc ipſum ſolum quod hæretici ſunt pronunciati, orthodoxorum ſecuritati ſufficeret.

SECTION VIII.

Huitiéme Consideration sur la quatriéme Lettre de Monsieur Arnauld.

DIEV qui est Esprit de verité est aussi Pere de l'ordre & de la lumiere : Et au contraire le Demon de l'heresie qui est esprit de mensonge, est pere de la confusion & des tenebres. Ce qui fait dire à vn Pere de l'Eglise, que *les Heretiques tiennent le Seigneur comme assiegé dans le circuit de leurs mensonges,* (il veut dire la verité) *parceque tout ce qu'ils disent n'est qu'erreur & fausseté.* C'est par ce mesme esprit que Mr Arnauld s'est laissé conduire dans les *Lettres* que nous examinons, & principalement en la quatriéme, dans laquelle il confond & embrouille assez agreablement toutes choses, pour noyer la verité dans le trouble, pour la cacher aux yeux les plus penetrans, & ne donner de l'éclat & du coloris qu'à l'erreur, laquelle il fait nager pompeusement sur la sur-face de cet abisme.

Et bien qu'il fust plus à propos de dissimuler l'iniure que ce Sophiste fait tous les iours à la religion de Iesus-Christ par ses bouffonneries & ses impietez, que d'y répondre, & que Tertullien nous apprenne *qu'on doit soigneusement éuiter les conuersations & les conferences auec les Heretiques,* (qui se font de viue voix ou par écrit) *entant qu'elles fatiguent les forts, qu'elles surprennent les foibles, & causent des scrupules en l'ame de ceux qui dans l'estat mitoyen ne sont ny forts ny foibles ;* si est-ce qu'ayant appris que la curiosité, qui est mere de l'erreur dans les ames ignorantes, engage plusieurs personnes à la lecture de ces Lettres, & à gouster le poison dont elles sont toutes remplies,

i'ay

Hieron. lib. 3. comment. in Ozee cap. 11.
Circumdant hæretici Dominum in mêdacio, quidquid enim loquûtur negatio , imò mendacium est.

Tertull. lib. de præscript. hæretic. cap. 15.
In ipso congressu firmos quidem fatigant, iufirmos capiunt, medios cum scrupulo dimittunt.

I'ay creu qu'il eſtoit du deuoir de la charité, de leur mon-
trer le peril où leur curioſité criminelle expoſe leur ſalut.
C'eſt vn Pere de l'Egliſe qui la qualifie de la ſorte, quand
il dit que *la curioſité rend l'ame criminelle, & non pas plus ha-
bile ny plus capable.*

Or pour éclairer les tenebres à la faueur deſquelles Mᵉ
Arnauld s'efforce de iour en iour de lancer les traits en-
uenimez de ſa fauſſe doctrine, dans le deſſein qu'il a de
faire quelque nouuelle playe dans les ames; & afin que
nous puiſſions faire éclater le flambeau de l'ordre au milieu de la confuſion des matieres que ce Sophiſte emba-
raſſe, pour induire les eſprits en erreur, nous reduirons
le tout à quelques points.

Le premier eſt, qu'il continuë à faire le plaiſant dans
la maniere dont il ſe ſert pour traiter les choſes de la Foy.

Le ſecond eſt, que pour quereller mal à propos ſes aduerſaires, il querelle S. Auguſtin & S. Thomas, dont il
ſe diſoit le Diſciple.

Le troiſiéme eſt, qu'il aiouſte deux hereſies nouuelles
à cette autre hereſie, qui luy a fait perdre le titre de Docteur, & pour la defenſe de laquelle il donne encore de
nouueaux combats, non pas de viue force, car il n'eſt
que foibleſſe dans ſon raiſonnement, mais de ſurpriſe ou
d'adreſſe.

Quant au premier point qui concerne la bouffonnerie
de cet Auteur, i'auouë que s'il s'eſtoit meſlé de monter
ſur le Theatre, & d'en faire profeſſion, il y auroit peut-
eſtre mieux reüſſy, qu'à debiter des doctrines nouuelles;
ou en tout cas s'il auoit employé ſes railleries ſur vne matiere indifferente, il ſeroit aſſez diuertiſſant par ſes plaiſanteries.

Mais de voir qu'vn Chreſtien, qu'vn Preſtre, & vn
Docteur, qui s'eſtoit vanté autrefois d'auoir iuré ſur l'autel des Martyrs de defendre les veritez de l'Egliſe, & de
les reſpecter inuiolablement iuſques à l'effuſion de ſon
propre ſang: de voir, dis-ie, que cet homme qui paſſe
maintenant dans l'eſprit de l'Egliſe pour vn opiniaſtre,

P

*S. Zeno ſerm. 2. de
ater. filij generat:*
Curioſitas reum
efficit, non peritū.

pour vn endurcy dans l'erreur, & pour vn heretique re-
tranché de la communion de la Faculté de Theologie de
Paris, & dépouillé de la qualité de Docteur, soit le premier à rire de soy-mesme & de son propre malheur, à railler de sa disgrace, & à diuertir les autres de son desastre
par ses bouffonneries, dans vn temps où son cœur, ses yeux
& sa bouche, deuroient estre remplis de sanglots, de larmes & de soûpirs, c'est vne chose bien estonnante, & vne
marque asseurée en sa personne, ou d'vn entier oubly de
son salut, ou, qui pis est, d'vne impieté paruenuë au plus
creux de l'abisme, où l'on méprise toutes choses. Mais
qu'il se ressouuienne qu'on ne se raille point des choses
Diuines, qu'on ne se mocque point de la doctrine de l'E-
glise; en vn mot qu'on ne se iouë pas de Dieu (comme
parle la sainte Ecriture.) sans attirer sur soy le dernier
anatheme de la iustice Diuine.

Le second point des trois que nous nous sommes pro-
posez dans l'examen de cette Lettre, regarde la doctrine
de la *grace* dite *actuelle*, sur le suiet de laquelle il attaque
les Peres Iesuites, aprés auoir querellé par ses precedentes les Thomistes, sur les termes de *suffisante* & d'*efficace*.

Certes le procedé de M.ᵗ Arnauld dans cette humeur
querelleuse, qui le porte à inuectiuer contre tous ceux
qui luy viennent à la rencontre, represente assez bien
le pauure criminel qu'on traisneroit au supplice, qui pour
conseruer son honneur, chanteroit des iniures à tous ceux
qu'il trouueroit en son chemin, pour dire qu'il n'est pas
le seul criminel, quoy qu'il soit le seul miserable. Mais
pour fermer la bouche à toutes ses iniures, nous luy di-
sons trois choses.

La premiere est, qu'il ne s'agit à present d'autre chose,
que de sçauoir si entre les Docteurs Catholiques, qu'il
iniurie à tous propos, il s'en trouue quelqu'vn, qui dise
auec luy, que *le iuste parfois n'a pas le pouuoir prochain ou
d'accomplir le precepte, ou de demander par la priere, la grace
requise & necessaire pour l'accomplir.* Car c'est ce que dit M.ᵗ
Arnauld; c'est l'heresie pour laquelle il a esté tout frais-

chement cenfuré ; c'eft le crime pour lequel l'Eglife le
pleure, & le confidere comme vn miferable condamné.

Donc comme entre les Docteurs Catholiques, Thomiftes, Scotiftes, & Iefuites, il ne s'en trouue point
qui veuille excufer, defendre, ou proteger M' Arnauld
dans fon erreur, il a bien mauuaife grace de s'efforcer de
les tirer par la robbe, pour les engager dans fon erreur,
& les entraifner auec luy dans l'abifme de fon aueugle-
-ment volontaire. Car quelque charité qu'ils ayent pour
luy, elle ne peut aller plus loin qu'à luy donner des larmes & des prieres pour fa conuerfion, & à luy tendre la
main pour effayer de le releuer de fa cheute, s'il veut fe
feruir de la grace que Dieu luy donne encore ; mais non
pas à s'abifmer auec luy dans la foffe qu'il s'eft creufée.

La feconde eft, que la doctrine de l'Eglife, comme nous
auons dit cy-deffus, ne doit pas eftre confonduë auec la
doctrine de l'Ecole. Car *celuy-là eft dans l'erreur* (dit Saint
Zenon Martyr) *qui penfe que les difputes & les conteftations
qui fe forment fur la Foy, foient des chofes de foy, puifqu'il
confond en vn, deux chofes toutes diftinctes ; (telle qu'eft la
doctrine de la Foy, & la doctrine de l'Ecole) car de mefme
que la difpute innocente entre les fideles éclaircit les chofes de la
Foy, & la rend plus floriffante, ainfi la difpute rufée & trompeufe
(telle qu'eft celle des Iafeniftes) arrache la foy par les racines.*

Donc comme l'Eglife dans le Concile de Trente, par-
lant de *la grace*, ne la qualifie point *actuelle*, *habituelle*, non
plus que *fuffifante* ny *efficace*, & qu'elle laiffe aux Scolaftiques l'vfage de ces termes, il importe fort peu dans le fait
que nous traittons, fi les Scolaftiques d'entre les Peres
Iefuites fe feruent du terme d'*actuelle*, pour expliquer
leurs fentimens fur la grace, ou fur les aides de la grace ; non plus qu'il ne s'agit point de leurs fentimens
particuliers fur ce fuiet, qui au plus ne peuuent eftre
que probables, ainfi que les fentimens particuliers des
autres Docteurs Scolaftiques : mais il fuffit qu'ils foient
tous conformes comme ils font en effet, dans ce qui regarde la foy de l'Eglife, qui eft que la grace ne manque

S. Zeno ferm. de fide. Errat igitur quifquis difputationê legis æftimat fidê, duo in vnum diuerfa confundit ; difputatio enim ficut excolit legem, ita fi verfuta fit, eradicat fidem.

iamais au iufte, & qu'il a toufiours le pouuoir prochain de prier ou de faire, quand il eft neceffaire d'accomplir vn precepte, ou de refifter à quelque forte tentation.

Il eft vray que ce Sophifte pour quereller le Pere Annat Confeffeur du Roy, s'eft auifé de chercher dans la *Réponfe* que ce Pere a faite à fa *feconde Lettre*, (où il eft affez mal traitté) vne propofition hypothetique & limitée, pour l'arracher de fon lieu, & nous la prefenter comme vne propofition abfoluë & vniuerfelle; Mais il fuffit d'auoir éuenté cette fourbe, puifque c'eft la refuter fuffifamment que de la mettre en euidence. C'eft ce qu'vn chacun peut voir par la conference de la quatriéme Lettre que nous examinons, auec l'écrit du Pere Annat.

Là troifiéme eft, que lors que ce Sophifte inuectiue contre les Docteurs Catholiques & Scolaftiques, tels que font les Thomiftes, les Iefuites, & les autres, fur ce qu'ils difent que les pecheurs, les infideles, les impies, & mefme les endurcis, ne font pas tellement abandonnez de Dieu, qu'ils n'ayent toufiours quelque petit rayon de grace, qui les éclaire interieurement au milieu de leurs tenebres, pour les rappeller à falut, il inuectiue en mefme temps contre S. Auguftin & contre S. Thomas, & attaque directement leur doctrine.

Il inuectiue contre S. Auguftin, qui dit, parlant de tous les hommes, que *Dieu reproche, non pas à vn feul homme, mais à tout le genre humain, qu'il eft iniufte à foy-mefme, entant que tous font ennemis de leur propre falut, ne s'inftruifant pas des chofes de la doctrine pour bien viure, non pas qu'ils ne le puiffent, mais parcequ'ils ne le veulent pas.*

Le cœur humain, dit ce S. Pere, *agit contre foy-mefme auec tant de deprauation, qu'il ignore & ne fçait pas ce qu'il pourroit entendre & fçauoir pour fon bien, fi fa volonté eftoit bonne, non pas que ces chofes foient difficiles, mais parceque fa volonté y repugne & s'y oppofe.*

Il dit ailleurs *qu'il n'y a point d'ame pour méchante & peruertie qu'elle foit, dans la confcience de laquelle Dieu ne parle au fond du cœur.* Il parle en ces lieux de tous les hommes,

Aug. in Pfalm. 35. Non vnùm hominem, fed genus hominũ iniquum dicit, qui fibi aduerfantur non intelligendo vt benè viuant, non quia non poffunt, fed quia nolunt. *Ibidem.*

Perniciosè agit aduerfus fe ipfum cor humanum, vt quod poffit intelligere fi bona voluntas accederet, non intelligat; non quia difficile eft, fed quia voluntas aduerfa eft.

& des plus grands pecheurs ; Et *afin*, dit-il, *que les hommes n'ayent pas suiet de se plaindre ou de s'excuser, comme si Dieu manquoit à les assister de ce qui leur est necessaire pour le bien de leur ame*, il a fait écrire dans les Tables de la Loy, ce qui ne se lisoit pas dans les cœurs ; ce n'est pas que cette chose n'y fust écrite, mais ils ne vouloient pas la lire ou la considerer, c'est à dire se refléchir sur eux-mesmes, & sur les bons mouuemens, dont leur volõté se trouue parfois ébranlée.

Il est bien vray (dit-il autrepart) *que le Demon nous tente par le conseil qu'il nous donne de mal faire ; mais Dieu nous aidant comme il fait, il depend de nous de choisir ou de reietter ce que le Demon nous suggere.*

Et pour monstrer que Dieu offre la grace à tous les hommes, par laquelle ils peuuent accomplir les loix ausquelles Dieu les oblige, sçauoir est les infideles à la loy de nature, & les fideles aux loix de l'Euangile ; *Nous detestons*, dit-il, *& nous auons en execration le blassheme de ceux qui disent que Dieu a commandé à l'homme des choses impossibles, & que les preceptes Diuins peuuent bien estre accomplis par le general des hommes, & non pas par tous les hommes chacun en particulier. Il n'estoit pas iuste* (dit-il ailleurs) *qu'Adam engendrast des enfans meilleurs que luy ; mais afin qu'vn chacun des hommes pust éuiter (en recourant à Dieu) le supplice qu'il merite par l'auersion qu'il a de Dieu dés sa naissance, il a fallu non seulement ne point repousser celuy qui vouloit recourir à la misericorde de Dieu, mais encore l'aider & le secourir.*

Il dit encore autrepart en faueur des endurcis, & des aueuglez, que *celuy qui est frappé de l'aueuglement de l'esprit est exclus de la lumiere interieure de la grace Diuine, mais non pas entierement tant & si long temps qu'il demeure en cette vie.*

quisque ex conuersione ad Deum, vinceret supplicium quod origo eius ex auersione meruerat, non solùm volentem non prohiberi, sed adiuuari oportuit.

Aug. in Psalm. 6. Ea est cæcitas mentis, in eam quisquis datus fuerit, ab interiori Dei luce secluditur, sed nondum penitus cùm in hac vita est.

C'est ainsi que S. Augustin parle des plus abandonnez d'entre les hommes : Et toutefois Mr Arnauld qui se disoit autrefois son Disciple, entreprend auiourd'huy de luy faire son procés, & de diffamer sa doctrine, sous pre-

---

Marginal notes:

Augustst. lib. 2. de serm. Dom. in monte cap. 9.
Nullam esse animam quantumuis peruersam, in cuius consciétia non loquatur Deus.

In Psalm. 57.
Ne sibi homines aliquid defuisse conquererentur, scriptum est & in tabulis, quòd in cordibus non legebatur; non enim & scriptum non habebant, sed legere nolebant.

Homil. 12. ex 50.
Dat quidem ille consilium, sed Deo auxiliãte nostrum est vel eligere, vel repudiare quod suggerit.

Serm. 191. de temp.
Execramur blasphemiam eorum, qui dicunt impossibile aliquid homini à Deo esse præceptũ, & mandata Dei non à singulis, sed ab omnibus in commune posse seruari.

Lib. 3. de lib. arb. cap. 20.
Vt meliores gigneret Adam quã ipse esset, non fuit æquitatis, sed vt

texte que les Aduerſaires de ce Sophiſte, diſent auec S. Auguſtin, que les plus méchans d'entre les hommes ont encore quelque rayon de grace, dont ils abuſent quand ils pechent.

Il inuectiue pareillement contre la doctrine de Saint Thomas, & de ſes Diſciples les plus fideles cy-deſſus alleguez; Car ce S. Pere (que les Doctes qualifient *l'Ange de l'Ecole*, & que Ianſenius a dit eſtre *l'Abbreuiateur de S. Auguſtin*) nous a monſtré cy-deſſus qu'il n'y a point d'infidele, quand meſme il auroit eſté nourry dans les foreſts, qui ne ſoit obligé de recourir à Dieu, à l'inſtant que la raiſon l'éclaire des premiers rayons de ſa lumiere; & pour lors, dit-il, *s'il ſe porte à ſa fin conuenable,* (ce qui ne ſe peut pas faire ſans grace) *il obtiendra par la grace le pardon de ſon peché originel.*

D. Thom. 1.2.q. 89. art. 6. in corp. Si ſeipſum ordina-uerit ad debitum finem, per gratiam conſequetur re-miſſionem peccati originalis.

Cette obligation eſt generale à l'égard de tous les hommes dans la penſée de S. Thomas, donc tous les hommes ont la grace, par laquelle ils peuuent, ou ont pû ſe conuertir, recourir à Dieu, & obtenir le pardon de leurs pechez. Il dit ailleurs que *la loy de l'Euangile donne à ſes ſuiets autant qu'il eſt en elle, vn aide & vn ſecours ſuffiſant pour ne point pecher.* Donc celuy d'entre les fideles qui ſuit la tentation & conſent au peché, abuſe de cette grace, ou pluſtoſt, pour me ſeruir des termes de ce Pere, *il n'vſe pas,* comme il doit, *du ſecours que Dieu luy donne.*

Ibid. quæſt. 106. art. 2. ad 2. Lex noua quantum eſt de ſe, ſuf-ficiens auxilium dat ad non pec-candum.

Auxilio ſibi dato non vtens.

Il remarque autrepart qu'entre les proprietez de la Prouidence Diuine, l'vne des plus remarquables eſt *de pouruoir à vn chacun des hommes en particulier, des choſes qui leur ſont neceſſaires à ſalut, pourueu que l'homme de ſa part n'y apporte point d'obſtacle ny d'empeſchement.*

Quæſt. 14. de verit. art. 11. ad 1. Hoc ad diuinam prouidentiam per-tinet, vt cuilibet prouideat de ne-ceſſariis ad ſalu-tem, dummodo er eius parte non im-pediatur.

Donc tous les hommes ont receu de Dieu la grace & le pouuoir de ſe ſauuer, ſuppoſé qu'ils n'ayent point reietté cette grace: ou s'ils ſe ſont enyurez du vin de leur paſſion, iuſques au point de ne plus reſſentir en eux-meſmes en cet eſtat, aucun remords de conſcience; pour lors ils ne ſont pas moins criminels dans la cauſe de leur yureſſe, ou de leur aueuglement volontaire, que celuy dont le vin eſt frenetique, & qui toutefois dans la pleine connoiſſance qu'il a du malheur où il ſe iette, par le plaiſir qu'il prend à ſe noyer volontairement dans le vin, s'engage dans l'excés & dans l'yurognerie ; Car pour lors ſi en ſuite de ſon yureſſe, il fait vn meurtre en cet eſtat, cet homicide eſt criminel en ſa cauſe, quoy qu'il ſoit furieux, frenetique, & dépourueu de raiſon & de connoiſſance en ſon acte, ainſi que S. Thomas nous l'enſeigne.

2.2. q.150. art.4. in corp.

Enfin, dit ce S. Pere, il eſt *vray que la grace ne manque à perſonne, & qu'elle ſe communique à tous les hommes autant qu'il eſt en elle.* Donc ſi elle ne manque à perſonne, elle ne manque ny aux pecheurs, ny aux infideles, ny aux endurcis, ny aux aueugles d'eſprit, que S. Auguſtin nous a dit cy-deſſus, n'eſtre iamais entierement deſtituez de la lumiere interieure de la grace, tant & ſi long temps qu'ils demeurent en cette vie.

Et in Epiſt. ad Hebr. 12. Et ideo gratia nulli deeſt, ſed omnibus quantum in ſe eſt, ſe communicat.

Qui voudra voir plus au long la doctrine de S. Thomas ſur ce point, & des plus veritables Thomiſtes, n'a qu'à conſulter les textes que nous en auons rapportez cy-deſſus ; Ce qui ſuffit pour manifeſter aux plus obſtinez les fourbes iournalieres de noſtre Aduerſaire, & leur monſtrer que tout le venin qu'il coule adroitement dans ſes gazettes, n'eſt qu'vne pure chicanerie plus digne de chaſtiment que de réponſe ; ſa malice ne ſe propoſant d'autre but dans ces Lettres ſuppoſées, que d'aiouſter crime ſur crime, hereſie ſur hereſie ; Et c'eſt le troiſiéme point qui nous reſte à examiner dans ſa *quatriéme Lettre.*

Ce Sophiſte ne ſe contente pas de railler de la perte de ſon ſalut, comme le pauure frenetique qui ſe plonge en riant le poignard dans le ſein ; il ſe rend encore de iour en iour plus coupable par les nouuelles hereſies qu'il aiouſte à celle, qui l'ayant priué de la qualité de Docteur de Sorbonne, fait qu'on ne le nomme plus à preſent que le Docteur *de iadis.* Car outre qu'il renouuelle cette meſme hereſie, il en aiouſte deux autres qu'il a puiſées du magaſin des erreurs de la doctrine de Ianſenius, condamnée par le

Pape & par les Euefques de France.

La premiere eft la neceffité de pecher, qu'il veut introduire fous la fauffe couleur d'vn texte de Saint Auguftin,
duquel nous auons donné dans nos *Regles* l'interpretation
veritable. Il veut auec Wiclef qu'on peche neceffairement, ce qui toutefois a efté condamné d'herefie, foit par
le Concile de Conftance, qui au rapport du Concile de
Sens, appelle *demence & folie* l'erreur de cet infame & impie heretique. Soit par le S. Concile de Trente, quand il
fulmine anatheme contre celuy qui dit, *qu'il n'eft pas au
pouuoir ou en la liberté de l'homme de s'empefcher de mal faire.*
Car fi l'homme eft neceffité à pecher, il n'eft pas en fon
pouuoir de s'abftenir du peché, ce qui eft heretique. Soit
par la Cenfure de Sorbonne, qui parut autrefois contre
les erreurs de Baius, lors qu'elle condamne fpeciale-
ment cette Propofition qui dit, *que l'homme peche neceffairement dans quelque efpece de peché, & que la chofe qu'il fait
neceffairement luy eft imputée à peché.*

La feconde eft, quand il infinuë dans fa *Lettre*, que *l'i-
gnorance inuincible eft peché* (car c'eft de cette ignorance
dont il s'agit en ce lieu) & fur laquelle il prend fuiet de
quereller fes Aduerfaires. Mais de mefme que l'ignorance inuincible engage l'homme dans le mefme precipice,
que la neceffité fimple ou antecedente à l'égard du peché, il eft clair que le Concile de Trente qui condamne
d'herefie ceux qui fouftiennent *qu'il n'eft pas au pouuoir de
l'homme de s'abftenir du peché*, condamne pareillement celuy qui dit, que *l'ignorance inuincible eft peché*, c'eft à dire
que ce qui part de l'ignorance inuincible eft peché, puifque l'ignorance inuincible nous rend le bien impoffible;
en la mefme maniere, que la neceffité de pecher iette
l'homme dans l'impoffibilité d'agir autrement : D'où
vient que Medina fouftient que *l'ignorance inuincible ne
nous eft pas imputée à peché, parce,* dit-il, *que perfonne n'eft
obligé à l'impoffible.*

Cette herefie a efté pareillement condamnée par les
Decrets de Pie V. & de Gregoire XIII. & par la Cenfure

re de Sorbonne cy-deſſus alleguée, contre cette Propoſition qui affirme que *l'homme peche mortellement, meſme dans la choſe laquelle il ne peut pas éuiter.* Car l'ignorance inuincible fait que l'homme ne peut pas éuiter le peché.

Ce ſont là les hereſies que Mr Arnauld a voulu aioûter à ſon autre hereſie dans ſa *quatriéme Gazette,* & qu'il a parſemées de railleries, pour inſinuer plus aiſément dans les ames le venin de ſes erreurs, afin de redreſſer peu à peu toute la doctrine condamnée de Ianſenius, qui eſt bien la plus deteſtable qui iamais ait paru dans l'Egliſe. Aprés tout, c'eſt le zele que Dieu me donne pour la defenſe de la foy & des veritez de l'Egliſe, qui m'oblige de combattre les erreurs de ce Sophiſte, dans les choſes qui concernent la doctrine de l'Egliſe & les veritez de la Foy.

Ie ſçay bien que S. Vincent de Lerins nous apprend de l'antiquité, & de *l'ancien vſage de l'Egliſe,* que *d'autant plus que quelqu'vn dans l'Egliſe auoit de zele pour la religion, d'autant plus promptement s'oppoſoit-il aux nouueautez profanes;* mais ie ſçay bien auſſi que les Peres nous apprennent que le deuoir des Grands de l'Egliſe & de l'Eſtat, les oblige encore plus fortement de s'oppoſer au cours de ces nouuelles erreurs, & de les arreſter en leur ſource ; c'eſt ce que le meſme Saint Vincent de Lerins nous confirme au meſme lieu, par l'exemple du Pape Eſtienne.

Vincent. Lirin. in Common. cap. 9. Mos iſte ſemper in Eccleſia viguit, vt quò quiſque foret religioſior, eò promptiùs nouellis adinuentionibus contrairet.